Detente,

¿cómo va

tu vida?

Dirección editorial: Marcela Aguilar
Edición: Gonzalo Marín y Thania Aguilar
Coordinación de diseño: Marianela Acuña
Diseño: Cristina Carmona y Perla Carrizales
© Fotografía de la autora: Alejandra Palomino

© 2019 Erika Pavón Carrillo
© 2020 VR Editoras, S. A. de C. V.
www.vreditoras.com

México: Dakota 274, colonia Nápoles
C. P. 03810, alcaldía Benito Juárez, Ciudad de México
Tel.: 5220–6620 • 800–543–4995
e-mail: editoras@vreditoras.com.mx

Argentina: Florida 833, piso 2, oficina 203,
(C1005AAQ), Buenos Aires
Tel.: (54-11) 5352-9444
e-mail: editorial@vreditoras.com

Primera edición: diciembre de 2020

ISBN: 978-987-747-691-0

Impreso en México en Litográfica Ingramex, S. A. de C. V.
Centeno No. 195, Col. Valle del Sur, C. P. 09819
Alcaldía Iztapalapa, Ciudad de México.

ERIKA PAVÓN

Detente,

¿cómo va

tu vida?

EDITORAS

ÍNDICE

INTRODUCCIÓN

Sé que pueden haber días en los que despiertas sin saber exactamente por qué te sientes triste, sin ánimos y con un vacío. Y si, por el contrario, crees saber la razón, no sabes muy bien cómo solucionarlo.

Muchas veces es más fácil continuar creyendo que todo pasará y que puedes con eso. Y seguro en ocasiones has caminado por la vida sin resolver a fondo tus conflictos. Lo que a veces no notamos es que todo se acumula y, de repente, la mochila de situaciones complicadas ya está llena y nos pesa mucho.

Por eso quiero preguntarte: ¿hasta dónde vas a permitir que la situación avance? ¿Realmente te has detenido a pensar cómo va tu vida? No para vivir por vivir, sino para darle el sentido que merece y transformar esas emociones de tristeza, miedo, ira o disgustos que suelen aparecer y no te dejan fluir.

Si todos escondemos mil cosas, no solo de los demás, sino de nosotros mismos, es porque nos hemos educado en una sociedad llena de inhibiciones, represiones y tabúes. Donde resulta más seguro mantener distancias y defensas para que no se aprovechen de nuestros momentos de debilidad o vulnerabilidad. Sin embargo, lo que nadie nos ha dicho es que **no está mal ser vulnerables y hay que aprender a dejar fluir todas esas emociones que muchas veces negamos.**

No importa la situación en la que te encuentres, la edad o el sexo, este libro está creado para que realices una introspección profunda con la que podrás generar cambios concretos y, de esa forma, llegar a una mejor versión de ti mismo.

Detente, ¿cómo va tu vida? es un viaje práctico en el que aprenderás a identificar los apegos emocionales, el autosabotaje, la baja autoestima, las autocríticas destructivas, la baja tolerancia y todos esos temas que suelen presentarse en la vida diaria y que pueden llegar a perjudicarte, explicados de una forma interesante y sin pretensiones.

A través de anécdotas cotidianas y ejercicios prácticos y sencillos, comenzarás a desarrollar herramientas para resolver las preguntas que te aquejan: ¿qué necesito trabajar en mi vida?, ¿cómo puedo resolver mis conflictos pendientes?, ¿cómo puedo canalizar mis emociones y desarrollar mis talentos sin temerle al fracaso?

En cada capítulo te invitaré a cuestionarte aspectos de tu vida y a establecer estrategias para sobrellevar tus adversidades. Así podrás combatir tus miedos con técnicas que te fortalecerán para alcanzar tu éxito y llevar la vida que siempre has querido.

Este libro pretende ser un acompañante que te ayude a descubrir tu mejor versión y a crear motivaciones diarias con las que puedas disfrutar de una autorrealización sin barreras, en tu aquí y ahora.

Aquí te darás la oportunidad no solo de conocerte más a fondo, sino de admitir que eres una persona inigualable y dispuesta a ver sus virtudes. Aprenderás a aceptar tus emociones y dejarlas fluir. Conocerás cómo vivir a conciencia en tu presente. Te darás cuenta, sin prejuicios ni subestimaciones, de las áreas de tu vida en las que necesitas trabajar para estar bien.

No es casualidad que estés sosteniendo este libro en tus manos. **Es un mensaje de vida maravilloso, de corazón a corazón, para que comiences a volcarte hacia el desarrollo personal que hoy necesitas.**

Detente, respira profundo y pregúntate: ¿cómo va tu vida? Te invito a descubrir tus fortalezas, virtudes y talentos para que te liberes de las barreras de tu vida y saques a relucir tu mejor versión. Nos enfocaremos en tu presente y en lo que deseas cambiar en él.

Prepárate, porque vamos a liberar juntos a ese gigante interno que quiere ser visto.

El amor perfecto es aceptar y amar nuestra imperfección.

UNO

¿Cómo va tu vida con las exigencias?

Un momento
de victoria

Te voy a contar una historia. De pequeña era una niña muy tímida. Siempre intentaba ser buena y amable, pero todos pensaban que me comportaba así por ingenua o tonta. Lo peor era que yo siempre creía lo que decían. Tenía miedos e inseguridades que incrementaban por las opiniones de mis compañeros y compañeras de la escuela.

Cuando iba en la primaria, la maestra de español nos pidió que nos aprendiéramos un poema para participar en un concurso de declamación: el mejor representaría a todo el grupo frente a la escuela entera. Me llevé una gran sorpresa cuando la maestra dio los resultados: ¡yo había sido la mejor del salón! Aunque por dentro estaba llena de miedos por declamar frente a todos, que la maestra creyera en mí me impulsaba a que yo también lo hiciera.

Me asesoré con una tía que era muy buena en la materia, fue ella la que me compartió el poema con el que gané. Gracias a ella dejé de dudar si podía aprenderme de memoria todos los versos y perdí el miedo a que los demás se burlaran de mí, entre muchas otras inseguridades que una niña de diez años puede tener.

El día de la competencia, mientras esperaba mi turno, podía ver a niñas y niños equivocarse al pasar al frente o llorar desde el principio por el pánico escénico. Aunque yo también temblaba, traté de mantener la calma porque estaba casi segura de que mi poema era muy bueno y que yo lo hacía muy bien.

Por eso me concentré, crei en mí y traté de declamar de la forma más perfecta posible: desde el corazón. Me desconecté de todo y solo me sumergí en la poesía como si estuviera viviendo cada palabra en mi interior. Cerré los ojos y cuando los abrí pude ver que todos estaban de pie y aplaudían muy, muy fuerte. Y a pesar de que me había escuchado muchas veces practicando, vi a mi maestra con lágrimas en los ojos. Ese momento mágico la hizo conectar. Además, también vi a mi madre llena de alegría, mandándome besos y diciéndome que lo había hecho maravilloso.

Cuando llegó la hora de la premiación, ¿qué lugar crees que gané? Pues el primero. No podía creerlo, sentía que había hecho algo perfecto por primera vez en mi vida. Al salir de la premiación fui a mi salón y todos mis compañeros me recibieron con abrazos y felicitaciones por haber ganado. Era la primera vez que todos me festejaban con gritos y aplausos por una victoria. Fue ahí cuando mi cerebro captó que había hecho algo bien y que ahora tenía el reconocimiento de todos a mi alrededor.

Yo creía que mi seguridad iba a durar eternamente por lo que había logrado. Pero no, solo duró unas semanas. Siempre buscaba demostrar a los demás que podía hacer algo perfecto. Quería reconocimiento. No lograrlo me causaba desánimo, frustración e inseguridad. En lugar de impulsarme, prefería quedarme callada.

Por eso quiero preguntarte: ¿cuánto nos exigimos por tratar de ser perfectos para los demás o por querer hacer lo que todos dicen que es perfecto para ser reconocidos?

Nuestra realidad es que somos seres imperfectos y eso nos hacer ser perfectos como humanos.

¿Qué estás esperando del exterior?

En la escuela nos enseñan que el que obtiene un diez de calificación es el mejor niño del salón. Desde pequeños nos acostumbramos a recibir premios o palmaditas en la espalda cuando hacemos las cosas correctas, así como castigos cuando no lo hacemos bien. Como los aplausos que recibí cuando gané el concurso de declamación.

Nos enseñan a pensar en el qué dirán, la clásica preocupación o miedo por el juicio que otros puedan tener acerca de nuestras acciones, comportamientos o situaciones. Por ejemplo, yo soy de Campeche, una pequeña ciudad al sureste del país, en donde escuchar esas palabras es muy común. Cuando algún amigo me invitaba a tomar un café para hablar de algún proyecto o solo por mera convivencia, enseguida me preocupaba por lo que la gente pudiera pensar si nos veían. Podía parecer que estábamos en una cita o que me estaba enamorando y yo no quería ser parte de ningún chisme. Por lo que en muchas ocasiones opté por ir acompañada.

El miedo a ser juzgados tiene que ver con una búsqueda, a veces muy inconsciente, por la aprobación de los otros. Por eso es normal que al sentir que hacemos algo bien surjan emociones de felicidad, alegría y entusiasmo. Nos gusta sentirnos aceptados por los demás. Aunque es cierto que también en ocasiones puede causar que las personas se conformen con la idea de no llegar más alto para no sentirse defraudados. Pero ¿qué sucede cuando sentimos que no hacemos las cosas como deberían ser?

Nos desvivimos por demostrar que podemos llegar a la cima siempre y no disfrutamos el momento porque estamos buscando lo perfecto en diferentes ámbitos.

A diferencia de los animales, cuando nacemos necesitamos de otro ser humano para sobrevivir. Es desde ese momento que aparece nuestro primer patrón de dependencia. A esto, Milton Erickson, hipnoterapeuta estadounidense ícono de la Psicología y pionero en aplicar las técnicas de hipnotismo a la psicoterapia, lo llama pensamiento de conciencia de primer orden.

Erickson menciona que ese primer nivel tiene que ver con la forma en que lo externo, las creencias y personas nos alimentan y cómo ello suele hacernos esperar cosas del exterior para ser felices. La paradoja es que depender de los demás automáticamente nos trae sufrimiento y dolor porque nos vuelve esclavos.

Con esto no quiero decir que dejes de dar tu mejor esfuerzo. Todo lo contrario. Cada impulso y reconocimiento es importante, pero es más importante que los recibas por ti y no porque los demás lo noten. Muchas veces, en lugar de que el reconocimiento y los comentarios de aliento se conviertan en nuestros mejores amigos internos, sucede lo contrario: creamos una voz interior que se transforma en nuestro peor enemigo. Se encarga de repetirnos lo que no hacemos bien según lo que esperamos, nos recuerda cada imperfección, altera nuestras emociones y centra nuestra energía en lo malo y en asuntos inconclusos que pueden generarnos vacío.

¿Qué pasaría si crearas a tu mejor amigo interno para que te impulse a diario? Te daría la oportunidad de sentir, experimentar y, cuando falles, en lugar de concentrarte en el error, te permitiría repensar que todo el entusiasmo que pusiste en la experiencia es lo que te ayuda a ser la persona que eres hoy.

Te preguntarás: ¿cómo podemos crearlo? Hay un ejercicio que me encanta compartir en sesión y consiste en lo siguiente: darnos cinco minutos en la mañana mientras nos arreglamos. Solo necesitas verte al espejo y hablar contigo, no importa si es en voz alta o en silencio, lo importante es que al ver tu reflejo te digas a ti mismo: "Hoy es un día maravilloso y es mejor que ayer. Tú [mencionas tu nombre] eres un increíble ser humano, tienes todo para lograr lo que te propones. Te amo y estoy contigo".

Es importante que lo realices por una semana y le vayas añadiendo diferentes cumplidos o frases que te agraden, imagina que estás hablando con tu mejor amigo interno. Esto te servirá en gran forma para los momentos de vulnerabilidad cuando estamos pasando por situaciones difíciles llenas de negatividad y necesitamos de esa voz interior positiva que te anima a levantarte y continuar.

Por eso te pregunto: ¿qué está pasando con tu vida y lo que esperas del exterior?

¿Cómo estás calmando tus tormentas personales?

Es importante que cuando surja una situación que nos haga sentir mal, podamos identificar el origen de lo que estamos sintiendo. De esa forma también podremos determinar y reorientar la idea hacia otra perspectiva más constructiva y positiva que nos genere motivación, entusiasmo y crecimiento personal.

Si sentiste dolor, deja que fluya. Haz lo mismo con el enojo o la tristeza. Identifica qué originó esa emoción en ti y pregúntate: ¿cuánto tiempo de tu día le quieres dar? Sin evadir ni hacerte la víctima. Simplemente deja que la emoción aparezca. Todos tenemos emociones y no siempre nos permitimos sentirlas porque las evadimos. Sin embargo, ¿qué pasaría si las dejamos aparecer sin estancarnos en ellas? En el momento en que empezamos a fluir es cuando realmente empezamos a vivir.

El ejercicio que voy a compartirte a continuación me parece maravilloso para conectarnos con nuestras emociones y empezar a trabajar en ellas. Primero, busca un lugar donde nadie te moleste y ponte lo más cómodo posible. Si necesitas quitarte los zapatos o cambiarte de ropa, hazlo.

Comienza aflojando cada parte del cuerpo, después tensa al inhalar mientras cuentas del uno al tres. Afloja los músculos al exhalar y continúa contando del cuatro al seis. Siente cómo cada parte, desde la cabeza hasta los dedos de los pies, se relaja, y después siéntelo de vuelta, de los pies a la cabeza.

Respira lentamente, con mucha profundidad y concéntrate solo en esas respiraciones. Es normal que mientras más profundas sean, la intensidad de tus emociones vaya en aumento y comiencen a aparecer pensamientos que te desconcentren. Si esto sucede, reduce el ritmo de la respiración. De esa forma podrás explorar las sensaciones que afloran en tu cuerpo y concentrarte en los sentimientos con los que las asocias: miedo, rabia, incluso no sentir nada. Repite en tu cabeza: "Me permito sentir". Permanece de esa forma durante 20 o 30 minutos. Es probable que durante ese tiempo se presenten distintos tipos de sentimientos, pero solo enfócate en el de mayor intensidad. Si no se presenta ninguno, trata de evocar alguna situación que te haya afectado emocionalmente, pero intenta no observar los detalles de la escena, solo concéntrate en el recuerdo de las sensaciones físicas que experimentaste y tráelas a tu presente.

Cuida el tiempo que pasas en la práctica, programa un cronómetro para que no superes los 30 minutos.

La idea no es quedarte con los sentimientos, sino salir de ellos. Una vez que concluyas el ejercicio, ponte de pie, abre los ojos y estírate o camina, échate agua en la cara si crees que es necesario para despejarte. Practica este ejercicio de forma gradual, es decir, comienza con diez minutos y ve incrementando el tiempo hasta que puedas llegar a la media hora. Verás que te servirá para reconocer tus emociones, poder convivir con ellas de una forma más saludable y dejarlas ir.

Un trabajo sobre la conciencia, la aceptación de uno mismo y sus errores fue hecho por las psicólogas Shelley Carson y Ellen Langer del Departamento de Psicología de la Universidad de Harvard. Ellas observaron lo siguiente:

Cuando una persona se permite analizar sus errores y ve que puede aprender de ellos, piensa detenidamente en sí misma y en su mundo. Y es mucho más capaz no solo de aceptarse a sí misma y de aceptar sus errores, sino que también se permite estar agradecida y reconocer que estos contribuirán a su crecimiento futuro.

Es por ello que la decisión de tomar conciencia para nuestro crecimiento solo depende de nosotros. No se trata únicamente de exigirnos alcanzar la cima por la creencia de que ahí seremos felices, porque la realidad es que siempre vamos a querer más y más.

Aceptar que las cosas no siempre nos saldrán perfectas a la primera, como solemos creer que debe ser, también nos permitirá reconocer y aplaudir los resultados que obtenemos, de esa forma también nos impulsaremos a ser mejores. Por ejemplo, el destacado pintor y escultor Pablo Picasso creó más de 50 000 obras, pero solamente alrededor de 100 son consideradas, en la actualidad, obras maestras. Por eso te pregunto: ¿por qué creemos que todo lo que hacemos tiene que ser una obra maestra a la primera?

Por mi experiencia como psicoterapeuta, sé que obsesionarnos con esa idea muchas veces puede llevarnos a la frustración generada por el fracaso. Cuando realmente el fracaso no existe, porque el fracaso es más bien la forma en que valoramos el resultado inesperado que obtuvimos.

Me ha tocado ver diferentes casos de pacientes que llegan con la idea de que han fracasado por no estar llenos de proyectos laborales en ese momento, por no tener el dinero que esperaban, porque están terminando una relación. En esas situaciones yo siempre los invito a que piensen en una persona a la que admiren mucho profesional o emocionalmente. Les pido que la describan, que me digan qué es lo que les gusta de esa persona y que imaginen que en este momento está pasando por lo mismo que ellos: ¿qué le dirías sobre su presunto fracaso, sabiendo que tiene muchos talentos y cualidades? Cuando estés pasando por alguna situación difícil, ¿tú como responderás a esa última pregunta?

Es así como podemos estar siempre en contacto con nuestro "mejor amigo interno", ese que nos cambia la percepción y nos lleva a la toma de conciencia. Según la reconocida psicóloga clínica Laura Monserrate, el fracaso como tal no existe, solo son momentos o situaciones por los que atraviesa el ser humano a lo largo de la vida y pueden dar lugar a un crecimiento personal o, por el contrario, a un debilitamiento que genere vacíos existenciales y, de no tratarse, puede incluso desembocar en la muerte.

Yo siempre hablo de salir de nuestra zona de confort y de adentrarnos en nuestra zona de riesgo para admirar todo lo que somos capaces de lograr. Hay quienes se animan, pero se van para abajo cuando tropiezan o se encuentran con obstáculos en el camino y deciden no continuar por miedo a fracasar más.

Pero ¿te has fijado que no todos los que sacaban diez en la escuela han obtenido el éxito que esperaban? Y eso es porque con el paso del tiempo empezamos a encontrar diferentes habilidades, talentos y astucias que no son medibles con una calificación, pero sí son muy efectivos para la vida.

¿Y si soltáramos por un momento el qué dirán haciendo lo que amamos? ¿Y si mejor nos concentramos en que lo importante no es llegar a la meta, sino en que recorrer el camino también nos deja aprendizajes? Al final nos estaremos llevando una gran experiencia y eso cuenta mucho.

Si vivimos con la idea de ser perfectos para los demás, nos volvemos esclavos en busca del reconocimiento y perdemos nuestra autenticidad, no disfrutamos nuestro aquí y ahora y, por lo tanto, es imposible evaluar nuestro crecimiento interno.

Por ello es tan importante darles la bienvenida a los errores o acontecimientos que no son los que esperábamos. Porque nos dan autenticidad y nos identifican como personas. Lo que no significa caer en una zona de confort, sino aceptar nuestras experiencias para poder tener un crecimiento sano.

Recuerda lo que dice el reconocido autor alemán Eckhart Tolle: "Cuanto más capaz seas de honrar y aceptar el ahora, más libre estarás del dolor, del sufrimiento y de una mente egoísta".

LAS MONTAÑAS
DE MI VIDA

Ahora te invito a elaborar un ejercicio que será de mucha ayuda para identificar tu trayecto de vida. Dibuja la silueta de algunas montañas. Cada montaña representará los años de tu vida en donde hayas vivido situaciones que te hayan hecho sentir arriba (en la cima) y abajo (en el valle). Dentro de las mismas montañas representa con símbolos cada situación en donde hayas experimentado momentos difíciles. Pueden ser corazones, estrellas, símbolos de heridas, figuras que representen en ti fortaleza, etc.

Al final, responde: ¿de qué forma decides aceptar y amar tus montañas de vida con todas las emociones que se han presentado?

Palabras para llevar contigo

- Cuando me libero de la idea de ser perfecto, soy más libre: puedo aceptarme y disfrutar de mi vida.

- Cuando quiero ser reconocido constantemente para otorgarme un valor, pierdo mi propio valor interno.

- Identificar el origen de la situación que me genera un problema me ayuda a reorientar mi perspectiva y transformarla en una creencia constructiva.

- Reconocer y dejar que mis emociones negativas fluyan me ayuda a conocerlas y a convivir mejor con ellas.

- Analizar mis errores y ver qué puedo aprender de ellos me permite pensar detenidamente en mí mismo y en mi mundo. De esa forma soy mucho más capaz de estar agradecido y de reconocer los errores que contribuirán a mi crecimiento futuro.

- Conseguir mi autenticidad no sucederá de un día para otro. Aceptarme a mí mismo y no copiar lo que se dice que hace a las demás personas perfectas me hace identificar mis talentos, virtudes y características únicas e inigualables.

*Solo seremos felices
siendo nosotros mismos,
no tratemos de ser como
los demás.*

DOS

¿Cómo va tu vida
con la búsqueda de
tu autenticidad?

Un momento
de aprendizaje

Había una vez una niña tímida, un poco callada y muy sonriente, siempre en busca de satisfacer a los demás. Aunque era muy amable y alegre porque le gustaba estar bien con los que la rodeaban, sus padres le llamaban la atención con frecuencia, pues tenía la mala costumbre de imitar siempre todo lo que sus amigas y primas hacían, desde juegos hasta formas de ser.

Por ejemplo, ella no coleccionaba nada específico, pero cuando veía que sus amigos lo hacían, le gustaba repetir las mismas modas. "No tienes por qué seguir a nadie, decide por ti misma adónde ir o qué quieres hacer", solían decirle sus papás. Para ella, seguir el paso de otras niñas o jugar lo mismo que sus amigos era lo más fácil del mundo, porque de esa forma encajaba con rapidez. Por eso odiaba que sus papás le dijeran lo mismo todo el tiempo.

Todo cambió cuando llegó una niña nueva a su escuela. Se llamaba Sofía y tenía un carisma tan cegador que de inmediato quiso tenerla como amiga. Para acercarse a ella, hizo lo que siempre hacía: copió su forma de hablar, su peinado, incluso los pasadores de brillos que se ponía en el cabello. Pero hiciera lo que hiciera, Sofía siempre se alejaba. Una vez la escuchó decir en los baños: "Esa niña me sigue a todas partes y hace siempre lo que yo hago. No tiene personalidad, nunca sería su amiga".

Fue en ese momento cuando entendió que repetir lo que todos a su alrededor hacían solo bajaba su autoestima y la hacía ser más dependiente. Empezó a tomar conciencia de que ser aceptada no significaba que los demás tenían que tomar las decisiones, sino que a ella también le tocaba tomarlas, ser creativa y proponer ideas diferentes.

Así entendió que no siempre le iba a agradar a todos. Tan solo se trataba de cambiar la perspectiva y creer en ella misma sin necesidad de copiar para encajar. De esa forma fue trabajando su autenticidad hasta que comprendió que eso también se llamaba amor propio.

Por si quedaban dudas, esa niña era yo.

El dúo
AUTOESTIMA-AUTENTICIDAD

Lo primero que debemos saber sobre la autenticidad es que es una virtud que va siempre acompañada de la autoestima. Ya que la autenticidad se construye a partir de todas las características que te distinguen de otras personas, pero solo cuando te conoces y te amas tal cual eres puedes ser auténtico. Como ves, autoestima y autenticidad van de la mano.

Pero entonces, ¿qué es la autoestima? La autoestima es la percepción que tenemos acerca de nosotros mismos. Es de vital importancia para nuestro desarrollo personal y para la forma en que nos relacionamos con otros individuos de nuestra sociedad. Es importante porque la calidad de nuestra autoestima definirá en buena medida la calidad de nuestras relaciones personales.

¿Recuerdas alguna reunión en la que te sintieras inseguro o con baja autoestima? Apuesto a que difícilmente podías fluir siendo tú. Es probable que no te sintieras bien en ese momento contigo y, por lo tanto, ese malestar no te permitía creer en ti. Una situación de esta índole crea incongruencia con nuestra autenticidad, porque empezamos a dudar de nosotros mismos y buscamos respaldarnos con lo que está aprobado a nuestro alrededor.

Sin embargo, cuando logramos transformar esa inseguridad en aceptación y nos valoramos y apreciamos a nosotros mismos, también podemos comunicarlo de forma inteligente a las demás personas. El dúo autoestima-autenticidad nos permite disfrutarnos y vivir en paz con quienes somos y, en consecuencia, llevamos a otros a disfrutar de nuestra compañía. No importa que no seamos perfectos, porque nadie lo es. Vivimos mejor la vida cuando somos nosotros mismos, sin necesidad de solo aparentar algo que realmente no somos.

Una de las particularidades de la autoestima es que es sensible a las emociones y a lo que sentimos. Cuando acepto incondicionalmente lo que siento estoy cuidando de mí, estoy afirmándome, me estoy diferenciando, soy yo. Virginia Satir fue una terapeuta familiar con enfoque sistémico que puso de moda el término autoestima. Ella solía hacer dos preguntas a las personas con quienes trabajaba.

La primera era: "¿Cómo te sientes?", pregunta que tenía por objetivo que el paciente contactara e identificara sus emociones o, por lo menos, que empezara a hacerlo. La segunda pregunta era: "¿Cómo te sientes sintiéndote así?". La respuesta se asocia por completo con la autoestima.

Estas dos preguntas esenciales las uso en terapia constantemente, porque con ellas podemos crear el vestíbulo para una toma de conciencia de nuestra autoestima y nuestra autenticidad de forma más transparente.

Por el enfoque en terapia Gestalt en el que me he especializado, en mi trabajo suelo aplicar lo que Fritz Perls, creador de esta escuela psicoterapéutica, llamaba la Terapia de la Autenticidad. Lo que busca este tipo de terapia es conectarnos con nuestras emocíones desde la comprensión, para que podamos aceptarlas y, de esa forma, fomentar una relación más íntima con nosotros mismos.

Así que ¿por qué no empezar a recuperar nuestra intimidad genuina? A continuación, veremos cómo hacerlo.

FORMAS DE RECONECTAR CON EL INTERIOR

Conocerte y aceptarte a ti mismo no es tarea fácil. Lo primero y más importante que debes hacer es descubrir quién eres, es decir, darte cuenta de cada acción o actitud que te hace único e inigualable. Solo así puedes aceptar de forma propositiva esos dones que tienes y transformarlos en una confianza incomparable, ya que **al conocerte y aceptarte te liberas de los prejuicios y las expectativas sociales.** Vivir con libertad y amor propio significa vivir en paz y tranquilidad mental con tus decisiones y con la forma en la que llevas tu vida.

Para comenzar a conocerte es importante mirar hacia dentro. En Psicología se conocen dos tipos de introspección que nos ayudan a generar autoconciencia: la *autorreflexión* y la *autorrumiación*. Por un lado, la autorreflexión es como la forma positiva de introspección. A través de ella significamos y le damos importancia a nuestros pensamientos y acciones, lo que nos ayuda a analizar, aceptar y aprender de nuestros errores y aciertos. Es una gran herramienta para aumentar el conocimiento que tenemos acerca de nosotros mismos.

Por otro lado, la autorrumiación es una forma negativa de introspección. A diferencia de la autorreflexión, este proceso consiste en la obsesión con nuestros defectos y errores, por lo que la desconfianza aumenta y creamos una idea distorsionada de quiénes somos. Esto nos lleva a dudar de nosotros todo el tiempo y, en consecuencia, afecta directamente nuestra autoestima.

¿Con cuál de los dos tipos de introspección te sientes identificado en este momento?

Vamos a hacer un ejercicio. Te invito a cerrar los ojos por unos segundos y respirar tres veces profundamente. Deja fluir tu mente, tu corazón y, sobre todo, las sensaciones en tu cuerpo.

Permite conectar contigo mismo y piensa en lo que has aportado a tu día y a tu vida: ¿qué cosas has hecho para mejorar y disfrutar? Piensa en la forma en la que te hablas en tu cabeza: ¿eres agresivo, amable, neutral o amoroso contigo mismo? Piensa en todas las cosas en tu vida por las que puedes agradecer: quizá es tu familia, tus amigos, tu trabajo, tu casa, tu pareja.

Permítete disfrutar contigo, con lo que ves y piensas sin tanta crítica o juicios hacia ti, olvida lo externo que te abruma y te genera ansiedad o angustia. No abundes mucho en las cosas negativas ni te obsesiones con ellas. En su lugar, piensa en los aprendizajes que te dejaron. De esa forma llegarás a la autorreflexión, el punto en el cual podrás comenzar a tomar conciencia de todas esas acciones y actitudes que te hacen ser tú mismo.

Para terminar, cierra con otras tres respiraciones profundas. Siente cómo todo tu cuerpo fluye y se integra al aquí y ahora.

LOS SUPERPODERES DEL REDESCUBRIMIENTO

Una de las principales reacciones que el ejercicio anterior puede generar es que comiences a sentirte cómodo con tu soledad. Casi siempre nuestra atención se enfoca en lo exterior. Por eso, cuando pasamos mucho tiempo solos podemos llegar a sentirnos tristes o frustrados y es normal que nuestro primer impulso sea evadir esa situación enseguida y buscar la compañía de quien sea. Sin embargo, pregúntate: ¿pasas tiempo de calidad contigo mismo? ¿Qué pasaría si te das la oportunidad de tener una cita contigo para consentirte y quererte?

Siempre que hablo de este tema, recuerdo a tantas personas que me han hablado de cómo se les dificulta realizar actividades sin compañía. Por ejemplo, me acuerdo de un paciente que un día me dijo con mucha angustia, como si estuviera a punto de vivir otra vez esa catástrofe que se repite todo el tiempo: "Odio que sea viernes. No me gusta que lleguen los fines de semana porque nunca tengo con quién salir y me da pena ir solo a comer o al cine".

Cuando hablo de liberarnos de prejuicios y expectativas sociales, me refiero a los miedos que se generan con las etiquetas que le ponemos a cada situación y que nos enseñan que, por ejemplo, debemos estar acompañados siempre que salimos a algún lugar público. Porque, por alguna razón, ir solos está mal visto.

Recuerdo que ese día le contesté a mi paciente: "¿Y qué pasaría si cambias tus palabras? ¿Y si en lugar de decir que no tienes a nadie con quien salir, dijeras que este fin de semana la pasarás contigo y, si alguien se incluye o no, igual será maravilloso?". Poco a poco vi cómo sus hombros y su semblante se relajaban. Respiró profundo y, con una sonrisa, me dijo: "Me encanta esa idea".

Imagínate qué tan mágicas son las palabras que tienen el poder de modificar nuestros pensamientos y emociones. Por eso es muy importante que en cada oportunidad que tengamos de estar a solas con nuestros pensamientos, nos dirijamos a nosotros con todo el cariño posible. De esa forma podremos también crear la atmósfera adecuada para que nuestro silencio no nos incomode y, al contrario, lo disfrutemos. **En todo momento que trabajes con tu yo interior piensa que estás creando un espacio para ti mismo.**

Así, una situación que podemos creer caótica e insufrible, como pasar los fines de semana o fechas especiales solos, sin personas queridas a nuestro alrededor, podemos transformarla en una experiencia que alimente nuestro interior y nos ayude a descubrir más de nosotros.

Por ejemplo, recuerdo la vez en que iba a pasar uno de mis cumpleaños sola: sin pareja, sin mi familia, en una nueva ciudad y, como cereza del pastel, en lunes. En un inicio pensé que sería el cumpleaños más triste, pero no lo fue desde el momento en que decidí cambiar mi pensamiento. Pensé: "Si yo fuera mi pareja, ¿qué cosas especiales haría para que Erika pasara un cumpleaños maravilloso?". En ese momento empecé a organizarme un autorregalo: un viaje al que, más tarde, se unió una amiga. Y, el fin de semana previo, hice una cena a la que terminaron asistiendo muchos amigos. En ese cumpleaños, que al inicio no pintaba tan bien, terminé festejando como nunca y todo cambió cuando decidí no pasarla sola, sino conmigo misma.

Estar con nosotros mismos también nos ayuda a identificar nuestros logros, metas próximas y virtudes. En ese cumpleaños, por ejemplo, aprendí que puedo hacer cosas especiales para mí sin esperar que los demás tengan la iniciativa. Por lo tanto, disfrutarnos nos permitirá también descubrir más de lo que nos gusta y de lo que no nos parece. Además, nos ayudará a replantearnos si queremos seguir con ciertas situaciones en nuestra vida o si es mejor tomar otros caminos. En definitiva, nos ayudará a identificar las herramientas que tenemos para sacar nuestra mejor versión y aceptarnos como somos realmente. Eso incluye las cosas que no nos gustan, porque también nos conforman como la persona única que somos hoy.

Otra acción muy poderosa es agradecer. Porque **cuando agradecemos, nuestra cabeza bloquea los pensamientos negativos y se enfoca en resaltar los positivos.** Su poder nos permite transitar hacia un proceso de aceptación de nuestra persona y nuestra vida.

En lo personal, el poder de agradecer lo uso como ejercicio en mi día a día: al levantarme o antes de dormir, agradezco por todo lo que me rodea y también me agradezco a mí. Es en ese momento cuando puedo abrirme hacia una autorreflexión constructiva. Porque al agradecer le doy un giro a mis pensamientos y a la perspectiva de mi día. Es una forma muy útil de no caer en la autorrumiación, donde la crítica es muy dura y solo genera negatividad.

Puedes agradecer todos los días por infinidad de cosas: por estar vivo, por tu cuerpo, por los seres queridos que te rodean. Seguro encuentras muchas buenas razones para decir gracias.

Intenta usar estos poderes tantas veces como puedas. Entre más los practiques, verás que poco a poco empezarás a redescubrirte internamente, identificarás cada parte que te conforma y comenzarás a aceptarte con lo que tienes y puedes lograr en este momento, en tu aquí y ahora. De esa forma comenzarás a descubrir tu autenticidad.

Me gusta mucho una frase del reconocido creador de la Psicomagia, Alejandro Jodorowsky: "La frustración es provocada por una sociedad que nos pide ser lo que no somos y nos culpa de ser lo que somos". Yo te invito a conocerte y disfrutar hoy lo que realmente eres. **Permítete ser esa persona tan única que puede reinventarse constantemente** y descubrir algo diferente y maravilloso de sí misma todos los días, sin presionarte por los prejuicios impuestos socialmente.

Formas de practicar
la autenticidad

Redescubre los dones y cualidades
con los que llegaste

La vida siempre nos entrega tesoros, pero a veces, cuando nos sentimos juzgados, con tal de ser aceptados terminamos por olvidarlos. Como cuando era pequeña y solo repetía todo lo que las personas a mi alrededor hacían, sin permitirme experimentar el gran potencial que tenía en ese momento. Lo hacía solo para ser aceptada por los demás, ¿te acuerdas? Te invito a tomar conciencia de tus virtudes y darte la oportunidad de abrir y aprovechar ese tesoro.

Suelta las emociones tóxicas externas

Es importante soltar las emociones ajenas que no nos corresponden. Por ejemplo, imagina que un compañero del trabajo nos expresa que el ambiente laboral es horrible y que ya no soporta lidiar con los demás compañeros porque él tuvo malas experiencias. Incluso aunque tú te sientas bien en tu trabajo, ese tipo de comentarios pueden influir en cambiar tu perspectiva del ambiente, hasta es posible que empieces a dudar de cómo te sientes realmente. Lo importante es ser firmes ante nuestras emociones para no ser tan influenciables por los demás.

Analiza tus modelos a seguir

¿Cuántas veces imitas a los demás? Todos tenemos modelos a seguir, pero es importante que aprendamos a diferenciar cuándo una inspiración se convierte en una copia que no nos permite ser nosotros mismos. Cuando abrí mi canal de YouTube, inicié con audios de hipnosis para dormir y tomé como inspiración otros audios que yo usaba para lo mismo. Para ser congruente con mi autenticidad, con cada tema siempre trataba de grabar algo especial, con escritos propios para no copiar lo que ya estaba en las redes. Buscaba poner mi sello y transmitir desde el corazón. Mi intención era compartir videos o audios que siempre llevaran mi esencia, pero inspirados en grandes psicólogos o coaches de vida que admiro, sin caer en la repetición. Así, tomo de ellos el impulso de sus conocimientos, pero les sumo los míos y mis experiencias de vida únicas.

Establece relaciones interpersonales que te permitan ser libre y auténtico

Busca compañeros, amigos, familiares y parejas con los que no tengas que fingir ser alguien que no te gusta ser. Es importante relacionarte con personas que te permitan ser quien eres. Hace unos años tuve una relación en la que quería ser tan excelente novia que llegó un punto en el que me empezaba a limitar, porque siempre intentaba hacer las cosas extremadamente bien para mi pareja. Al grado que incluso recuerdo a mis amigos diciéndome: "Esa no eres tú, todo lo quieres hacer muy perfecto". Un tiempo después, cuando por fin terminé esa relación, empecé a sentirme mejor y liberada, lo que se notó rápidamente, porque mis amigos me dijeron: "Por fin, ya estás de vuelta". Por eso siempre será de gran apoyo establecer relaciones sanas que te permitan fluir 100% con tu persona, eso te ayudará a disminuir inseguridades o miedos.

Tú no eres tu familia

Hay situaciones familiares que a veces cargamos por obligación, pero que no son nuestras. Por ejemplo, cuando en la familia el abuelo fue abogado y el papá también, suele asumirse que el hijo debe ser lo mismo. Todos debemos descubrir nuestros propios talentos y disfrutar de nuestra pasión, nadie debe imponernos la suya.

LAS VENTAJAS DE SER AUTÉNTICOS

A lo largo de este capítulo, te mostré de qué forma podemos autoanalizarnos y comenzar a redescubrir las cualidades y los intereses que nos forman como personas. Porque **cuando conocemos quiénes somos es más fácil destacar nuestras fortalezas y reconocer nuestras debilidades.**

Esto es importante porque así podemos trabajar en ellas, mejorar nuestras áreas de oportunidad y mantener nuestro crecimiento.

Son muchas las ventajas de dirigirnos por la vida con autenticidad. Por ejemplo, expresar nuestra autenticidad en el trabajo nos permite mostrar un nivel más alto de compromiso con la organización y mayor rendimiento individual, pues dejamos que nuestras ideas fluyan y generamos nuevas e innovadoras perspectivas. Para hacerlo, es importante confiar en nosotros mismos y enfocarnos en cómo buscamos crecer laboralmente.

Un ejemplo de una persona auténtica en este ámbito es un chef que conocí en terapia. Era tan apasionado y auténtico que cuando decidió salir de un famoso restaurante de la Ciudad de México al que dedicó varios años de su vida, lo reemplazaron con tres personas para hacer lo que él hacía solo. Él era fuera de lo común, extraordinario, irreemplazable, porque todo lo hacía con pasión, se conocía a sí mismo y sabía hacer su trabajo desde la autenticidad. Al encontrar nuestra autenticidad nadie nos puedes reemplazar tan fácilmente, porque al evolucionar y transformarnos también transformamos nuestro exterior.

Ser auténticos nos hace más libres y confiables, lo que al mismo tiempo nos ayuda a cultivar bienestar y estrechas relaciones con las personas a nuestro alrededor. Uno de los pilares que sustenta, por ejemplo, una relación de pareja saludable es que ambas partes estén en equilibrio. Tiene su lógica: uno no puede dar lo que no tiene ni tampoco puede pedirlo a los demás.

¿Qué sucede cuando nos mostramos fieles a nosotros mismos y compartimos con honestidad nuestros deseos a nuestra pareja? Comenzamos a crear una relación sana, no digo perfecta, porque esas no existen. Esto significa que ambas personas ya han trabajado consigo mismas con anterioridad y tienen claro dos cosas: que **el amor es un lugar donde resguardarse y que se necesita de ambos para existir y sobrevivir.** Por eso, si alguno de los dos no se ama lo suficiente, no será capaz de amar plenamente a la otra persona. Los amores auténticos son los únicos que deberíamos perseguir.

El escritor Jean-Paul Sartre tiene una frase que me gusta mucho: "Quien es auténtico asume la responsabilidad por ser lo que es y se reconoce libre de ser lo que es". La mayor ventaja de caminar con autenticidad por la vida es reconocernos como personas únicas y autónomas. Y así podremos ser más libres.

Mi autenticidad deja huella

En esta ocasión te invito a realizar un ejercicio para descubrir tus talentos, aceptarlos y dejar huella con cada uno de ellos de forma auténtica.

Primero piensa en alguien que admires mucho, después haz una lista con las características de esa persona que más te gusten. Puedes escribir entre cinco y diez. Ahora piensa en tu relación de pareja ideal y escribe una lista con las características que más te gustaría que tuviera esa persona. Puedes escribir entre cinco y diez. Cuando tengas las dos listas, léelas y señala con las que más te identifiques. Posteriormente escribe cada característica que señalaste repitiendo la siguiente frase:

"Yo estoy dejando huella al ser_____

_____".

Al final sabrás que no es que copies a la persona que admiras, sino que en general buscamos personas que se asemejan a nosotros y en las que nos vemos reflejados. Con todo, podemos seguir siendo muy diferentes y auténticos si lo queremos.

PALABRAS PARA
LLEVAR CONTIGO

- Dedicar todos los días tiempo a descubrir quién soy y a aceptarme me ayuda a construir mi autenticidad.
- Ser auténtico me otorga libertad.
- Destacar mis fortalezas y reconocer mis debilidades me ayuda en la lucha constante por crecer y ser mejor.
- Vivir de forma real y consciente me ayuda a tener una relación de pareja más real y auténtica.
- Aceptarme a mí mismo me ayuda a viajar más ligero en el recorrido de mi vida, me libera de juicios y me hace auténtico.

*Vive en el sentimiento
de ser la persona que quieres
y eso serás.*

TRES

¿Cómo va tu vida
con la dependencia
emocional?

Un momento
de cambio

Aunque el amor puede ser el sentimiento más emocionante y enriquecedor, hay veces en las que nuestras inseguridades nos sabotean. Eso le pasó a una vecina durante su primera relación de pareja, la primera formal que tuvo en su vida.

Al principio, todo era perfecto: lo veía como el hombre más maravilloso y sentía mariposas en el estómago. Sin embargo, un año después de haber comenzado a salir, ella tuvo que mudarse a Canadá y él a Estados Unidos. A pesar de la distancia, los dos lograron mantener la relación, pero al regresar a México las cosas cambiaron porque ella sentía a su pareja más distante. Y fue en ese momento cuando aparecieron las inseguridades. Ella empezó a hacer todo en torno a él. Por ejemplo, si sus amigas la invitaban a salir, les decía que no esperando que su novio le hablara y le propusiera un plan.

Además de la presión que sentía en su vida de pareja, los estudios también la preocupaban. En ese entonces iniciaba la universidad, pero le costaba concentrarse porque le aterraba la idea de no cumplir en sus clases. Lo mismo le pasaba con su familia y sus amigos, sentía que los descuidaba por esperar siempre la respuesta de su pareja.

¿Qué crees que sucedió? Él la sentía distinta. Los celos, la inseguridad y la falta de autenticidad que ella proyectaba le hacían pensar que no era la misma chica de la que se había enamorado. Como él estaba en un momento de transición y era muy joven, cuando observó que mi amiga proyectaba tal inseguridad, necesidad de afecto y vacíos decidió terminar la relación porque sintió mucho desencanto.

Después de eso, ella colapsó. Sumado a las preocupaciones por su familia, sus amigos y la escuela, se sentía destruida porque toda su motivación había girado en torno a su relación. Había creado un gran apego emocional hacia su pareja y, así de fácil, se había terminado. Como ya no tenía novio, dejó de hacer ejercicio y llenaba su vacío con cosas banales que la distraían pero que no la ayudaban a creer en ella.

El tiempo pasó y se acostumbró a una vida gris. Hasta que un día su mayor miedo se hizo realidad: su expareja estaba saliendo con otra chica. En ese momento tocó fondo: se encerró en su cuarto un fin de semana entero y lloró como no lo había hecho desde el primer día. Ese fin de semana comprendió que para caminar más ligera por la vida tenía que soltar todas las preocupaciones que la hacían sentir insegura y volteó a verse a sí misma. No entendía cómo había ganado tanto peso si siempre había disfrutado mucho salir a correr.

Los duelos de pareja nunca son fáciles, pero más que amor, lo que ella había creado era un gran apego emocional. Cuando lo entendió, supo que el siguiente paso era enamorarse de ella misma. Empezó por consentirse realizando actividades que la hacían sentir mejor persona. Con ejercicio y una buena alimentación, recuperó el cuerpo que le gustaba tener. Volvió a salir con amigos y descubrió que podía pasar momentos agradables y divertidos sin la necesidad de una pareja. Desde entonces, cada cosa que comenzaba lo hacía por y para ella.

Muchos años después se encontró de nuevo con su expareja, la que le había roto el corazón. Tuvieron un encuentro muy especial, hablaron por horas. Al final de la noche, él la miró y le dijo que se parecía mucho a esa mujer auténtica de la que se había enamorado años atrás. Claro, ella sabía muy bien cuál había sido su gran aprendizaje: **todo lo interno lo proyectamos y transmitimos, por eso hay que trabajar en amarnos primero a nosotros para así poder amar a los demás.**

¿CUÁL SERÍA TU MEJOR REGALO DE VIDA?

Uno de los conceptos centrales cuando hablamos de relaciones cercanas es el apego, un tipo de lazo emocional y afectivo que surge hacia una persona, objeto o circunstancia. Genera la voluntad de permanecer en la cercanía o en contacto con el otro, por eso es normal que lo confundamos con el amor. Es posible sentir apego por todo tipo de personas y seres, incluyendo mascotas o, incluso, objetos inanimados. Nuestra capacidad para sentirlo está presente durante toda la vida.

Este fenómeno ha sido estudiado por una gran cantidad de investigadores. Entre ellos destaca la figura de John Bowlby, psicoanalista creador de la teoría del apego, que estudió la forma en la que los bebés desarrollan ese vínculo con sus figuras maternas por la seguridad, el bienestar y el afecto que les transmiten. Por eso, su teoría afirmaba que el objetivo del apego era la supervivencia del bebé y que, por lo tanto, era un mecanismo inconsciente asociado a los genes. Sin embargo, si este mecanismo persiste cuando crecemos puede desencadenar una serie de efectos asociados con la dependencia emocional. Porque los malestares, el autosabotaje y la pérdida de autoestima aparecen cuando nuestra felicidad gira en torno a una persona, objeto o circunstancia ajena a nosotros.

Esto conlleva a que una persona en situación de dependencia no se valore. Por ejemplo, conozco el caso de una persona que logró ocupar un alto cargo en su trabajo y lo primero que pensó fue que obtener un puesto así lo ponía arriba de los demás. El día que lo transfirieron y tuvo que desempeñar un puesto menor, su autoestima se vino abajo porque se vio a sí mismo como una persona menos importante. Lo cual es totalmente incorrecto. Esta persona había creado un gran apego a algo externo que, por un momento, le dio estatus y poder dentro de su trabajo, pero que no definía lo que realmente era.

Por ello es importante que comencemos a ser autónomos en materia afectiva, es decir, ver primero por ti, aunque suene egoísta. Es necesario que admitas que nada es indispensable y que eres el responsable de las grandes decisiones para hacer maravillosos cambios en tu vida.

Cuando les pregunto a las personas: "Si pudieras pedir un deseo, ¿cuál sería?", es común que me respondan que buscan algo material o algo que no depende de ellos. Pero cuando cambio la pregunta a: "Si pudieras regalarte algo que no fuera material, ¿qué sería?", he escuchado un abrazo interno, sonreír, hacer ejercicio, comer más sano, recordar que me amo y que puedo ser mi mejor amigo, impulso para lograr mis objetivos, agradecimiento por lo que tengo y por lo que estoy dispuesto a obtener.

Me gusta hacer esas preguntas porque las personas se regalan el famoso darse cuenta al responderlas. En el enfoque Gestalt lo conocemos como *respuesta a la conciencia,* que es ese conocimiento responsable y personal acerca de algo determinado, como un deber o una resolución. Lo que aporta este tipo de conciencia es que puedes llegar al corazón de los problemas sin necesidad de aumentar esfuerzos, te ayuda a enfocarte en lo que verdaderamente importa en tu vida y te motiva a tomar acción. De esta forma podrás convertirte en una persona menos influenciable por las acciones o emociones de otros, te comprenderás y aliviarás el estrés. En consecuencia, podrás inspirar a otros a acompañarte en tu camino al desarrollo personal.

Son precisamente esos regalos que nos dan felicidad interna los que se reflejan en nuestro exterior sin necesidad de lo material. Por lo tanto, ¿qué te gustaría regalarte desde el corazón?

¿QUÉ HACES TODOS LOS DÍAS POR TI?

La jornada laboral que tenemos hoy fue pensada para destinar ocho horas al descanso, ocho al trabajo y ocho más a nosotros mismos, ya sea para desarrollar nuestra creatividad, destinarlas a algún pasatiempo o simplemente a disfrutar. ¿Tú cómo las aprovechas? De esas ocho horas pensadas para ti, ¿cuántas realmente las dedicas a tu cuidado personal? Te invito a reflexionar un poco tu día a día. Porque apuesto que esas horas libres en realidad las usas en traslados, tiempo extra en el trabajo u otras responsabilidades. Y entonces, ¿dónde queda el tiempo para ti?

Con esto no quiero decir que abandones todo para cumplir con las ocho horas de cuidado, sino invitarte a responder: ¿qué pasaría si te das cinco o diez minutos de calidad diarios contigo, respiras profundo y haces conciencia de tu cuerpo en tu presente real, no un presente que te remita al pasado angustioso o a un futuro que te cause ansiedad?

Muy bien, pero ¿qué quiere decir un presente real? Es estar en el aquí y el ahora. ¿Y cómo lo construyo? Lo primero es visualizar a la persona que quieres ser y preguntarte qué estás haciendo para lograrlo. Recuerda que eres el arquitecto de tu vida y si solo estás viviendo por vivir, sin hacer conciencia ni visualizar lo que quieres, empezarás a crear barreras y no podrás fluir hacia eso que deseas ser.

A continuación te digo de qué forma puedes construir ese presente real.

1. Primero es importante que no te sientas culpable y empieces a mirar por ti. Lo que no significa que dejes a los demás de lado, sino que dediques tiempo para convertirte en una mejor versión de ti mismo.

2. Recuerda que tus necesidades son de suma importancia y se vale que encuentres espacios para poder realizarlas.

3. Detente un momento a identificar lo que te pueda estar provocando estrés, ansiedad y angustia. ¿Merece la pena que estés poniendo energía en esos sentimientos que te causan gran daño? Quizá esos síntomas los estás provocando tú con tu actitud y, en ese caso, es mejor buscar la manera de cambiar las cosas.

4. Recuerda que tu cuerpo responde a todo lo que lleva por dentro y si lo saturas de información o situaciones dañinas, echarán raíces en ti. Posiblemente empezarán los dolores de cabeza, de cuerpo, la gastritis, etc. Así que es importante que te regales minutos para respirar y despejar un poco tu mente del pasado que pueda angustiarte o de las múltiples posibilidades que te propone el futuro.

5. Abraza y acepta tus emociones aquí y ahora, porque no son malas o buenas, son emociones a secas. Se vale vivirlas y externarlas, porque al evadirlas siempre se acumulan y terminan desbocándose.

ERES LO QUE SIENTES

¿Alguna vez has conocido a alguien que no te parece guapo, pero que piensas que tiene algo que llama la atención y atrae? ¿Te has preguntado qué es ese algo que brilla tanto y vemos en los otros?

Ese brillo, ese halo misterioso que deslumbra, para mí, es en realidad una certeza: esa persona está convencida de ser exactamente quien quiere ser y, muy seguramente, no se enfoca tanto en sus defectos, sino que ensalza sus virtudes y amor propio.

Ya hemos hablado de cómo fortalecer nuestra autoestima y amor propio. Sin embargo, es normal que durante este proceso podamos llegar a confundirlos e incluso caer en otra cosa completamente distinta, como el narcisismo. Y es importante identificarlo porque no se trata de egos, se trata de encontrar tu mejor versión y, sobre todo, de creer en ella. Ahora te mencionaré tres diferencias relevantes entre una persona narcisista y aquella con una buena autoestima.

Narcisismo	Amor propio
Tiene una imagen exagerada de sí misma. Se da tanta importancia que termina cayendo en la exageración.	Su imagen de sí se basa en su satisfacción interior, está consciente de sus aciertos y eso le permite darse la importancia justa.

Narcisismo	Amor propio
Llama constantemente la atención porque la necesita para sentirse importante: no escucha y no deja hablar.	Es asertiva, sabe escuchar, atender y elegir el mejor momento para hablar.
Solo piensa en sí misma y le da mucha importancia a la imagen que proyecta exteriormente.	Tiene mayor disponibilidad y empatía para entender y conectar con los otros.

Siempre es preferible trabajar en tu autoestima. Un ejercicio que he realizado en terapia con pacientes que no creen en ellos mismos es hacer la simulación de una entrevista de trabajo. Tienen que hablarme de ellos como si fuera una reclutadora e intentar convencerme de que son los mejores para el puesto. Al inicio les cuesta trabajo, pero siempre los motivo a que enumeren sus virtudes y que lo hagan cada vez con mayor seguridad. Esto lo repiten varias veces hasta lograr expresar y hacer conciencia de todas las fortalezas que tienen, de esa forma también pueden convencer a la "reclutadora" de que son personas grandiosas y, al mismo tiempo, también se llevan la certeza de que lo son de verdad.

Ahora quiero preguntarte: ¿qué te mueve en la vida? ¿Qué cosas son las que te hacen feliz? ¿Tienes tiempo para soñar sin límites? ¿Estás haciendo un esfuerzo por conseguirlo, por construir, apoyarte y amarte? Estas respuestas siempre te conducirán a la vida que deseas vivir. **Cultivar el amor propio y ser consciente de tus fortalezas y aciertos te permitirá hacer frente a la dependencia emocional y gestionar tus afectos de forma saludable.**

Soltando piedras en mi vida

Te invito a realizar una dinámica para liberarte de los apegos que no te permiten avanzar. Para hacerlo, tienes que buscar piedras de tamaño mediano. Una vez que las tengas, a cada una le vas a escribir con plumón algo negativo de tu vida que no te permite avanzar (egoísmo, falta de amor propio, etc.). Después, busca una mochila en donde puedas meterlas, cuélgala en tu espalda y sal a dar un paseo al parque. La idea es que al incio te pesen mucho y sean molestas. Conforme pase el tiempo y el peso comience a parecerte insoportable, ve sacando una a una las piedras de tu mochila. Cada vez que te deshagas de una, repite: "Ya no más [aquí repite el rótulo que le hayas escrito a esa piedra]". Así hasta tirarlas todas y sentirte libre. Una vez que la mochila esté vacía, internamente decreta los autorregalos que más necesites y comienza a disfrutar la caminata de forma liberada.

PALABRAS PARA LLEVAR CONTIGO

- Trabajar en tu interior y en tu amor propio te hace brillar sin necesidad de esforzarte.

- Aprender a quererte es importante para poder amar a los demás y que ellos te amen de vuelta.

- Recuperar el tiempo de calidad contigo te ayuda a darte el lugar que mereces en tu vida.

- Recuerda darte unos minutos al día sin sentirte culpable y sin olvidar tus responsabilidades.

- Eres el arquitecto de tu vida.

- Visualiza a la persona que quieres ser y pregúntate qué estás haciendo para lograrlo.

*Podemos desear tanto ser
alguien más, que nos olvidamos
de quienes somos.*

CUATRO

¿Cómo va tu vida
con aceptarte a
ti mismo?

Un momento para recuperar los sueños

Una mujer guapa llega a mi consultorio. De tez blanca y cabello rubio, tiene buena postura, es alta y también luce un cuerpo delgado y muy cuidado. Es normal que, cada vez que vemos a una persona así de llamativa y aparentemente tan segura de sí misma, asumamos que tiene una vida muy plena. A primera vista es una chica que cumple con todos los estereotipos de belleza y éxito profesional. Porque además de ser bonita, también es una abogada muy reconocida que ha ganado varios casos difíciles y trabaja en uno de los bufetes más importantes de México.

Pero la vida es más que la felicidad que vemos y mostramos, porque la chica que conocí en consulta tenía muy baja autoestima. Se veía al espejo y no se reconocía como persona, solo buscaba cumplir, demostrar su éxito personal y su cuidado físico, incluso también se preocupaba mucho por tener una pareja ejemplar. El vacío que sentía en su interior le pesaba tanto que a veces no tenía ganas de despertar ni avanzar con ninguno de los proyectos que llevaba en su trabajo.

En el proceso terapéutico descubrimos que ese vacío se hacía profundo por las exigencias que solía imponerse: constantemente se comparaba con compañeros abogados de otros países que ya tenían sus propios despachos, así como con sus amigas que ya se habían casado y formado familias con hijos. Esas ideas y comparaciones la abrumaban y le hacían daño, no entendía por qué ella no tenía aún todo eso que los demás ya tenían. Pensaba que estaba fracasando.

En el fondo lo que sucedía era que no se creía capaz de poner su propio despacho de forma independiente, aunque tenía muchas habilidades para hacerlo. Y en el ámbito personal, aunque también llevaba una relación de varios años, no se veía formando una familia con su pareja, pero tampoco se animaba a dejarla porque tenía miedo de estar sola.

Por eso empezamos a trabajar en su seguridad, amor propio, autoestima y perdón. Porque primero necesitaba perdonarse para poder dar el primer paso hacia la aceptación y el crecimiento personal. Necesitaba poder verse a sí misma: reconocerse y amarse, además de emprender para tomar diferentes decisiones en su vida. Comenzó por aceptar sus defectos y virtudes y reconoció cada parte de su esencia y de lo que la hacía única e inigualable.

Todas las mañanas se recordaba frente al espejo quién era y lo que merecía. Eso la ayudó a escuchar su interior y a ser congruente para después comenzar a tomar decisiones que ella no creía lograr sola. Después se animó a terminar la relación de años que no la hacía feliz ni la motivaba a hacer nuevas cosas. Había despertado en ella un valor que la representaba,no tenía que esperar nada de los demás para avanzar, sino vivir su propio aquí y ahora. Por eso, su mayor fortaleza fue disfrutarse desde el interior. Entendió que cuidar lo exterior solo era una pantalla de lo que pretendía representar, porque ¿de qué sirve brillar por fuera si por dentro estamos apagados?

Poco a poco dejó de ser alguien que no era e hizo a un lado los reproches por no haber alcanzado los estándares de felicidad que creía que debía cumplir, ya que solo la llevaban a la derrota y a ocultar todo lo maravilloso que tiene la vida. Empezó a darse la oportunidad de descubrirse y aceptarse para poder evolucionar. ¿Y en qué consistió esa evolución? En entender que sus tiempos eran distintos a los de las personas con las que se comparaba y que ella solo estaba en camino a hacer realidad todos sus sueños.

Aceptar para dejar de proyectarte

Uno de los principales obstáculos para aceptar quienes somos tiene que ver con un proceso del que muchas veces no estamos conscientes. Ponte a pensar en algo que odias de una persona: puede ser un comportamiento, un tono en su forma de hablar, una característica de su personalidad, etc. Ahora piensa si eso que identificaste es algo que también tú haces o has hecho.

Es muy probable que hayas respondido que sí, porque usualmente las cosas que nos molestan de los otros son también las que más nos molestan de nosotros mismos. Es ahí donde nos damos cuenta de que nos proyectamos en los demás. Por ello es tan importante aceptarnos tal cual somos, pues de esa forma también podremos aceptar a quienes nos rodean.

Al hablar de proyecciones me viene a la mente Fritz Perls, ícono en la psicología e innovación de la terapia Gestalt. Fue él quien acuñó el término proyectar como esa maniobra de investir cosas externas de asuntos internos. Recuperar proyecciones es una técnica paradigmática de la terapia Gestalt que consiste en colocar en los demás lo que no aceptamos de nosotros mismos, de esa forma hacemos responsable al mundo de lo nuestro para no cargar con esa responsabilidad.

Por eso dentro de la Psicología, la aceptación es la base del bienestar. Cuando nos aceptamos, podemos reconocernos y experimentar nuestra realidad sin juicios y, sobre todo, sin tantas exigencias que nos afectan de forma negativa. Esto no significa que, por ejemplo, si eres una persona con mucha pereza o agresividad apruebes tu forma actual de comportamiento, porque solo te llevará a destruirte a ti y quizá a quienes te rodean. Sin embargo, al aceptar tu situación es posible que puedas valorar si tus acciones son correctas o no y hacer conciencia para modificarlas. Aceptar tu pereza o agresividad actual es lo que te permite ser consciente de lo que no estás haciendo bien y ver lo que podrías mejorar o modificar. Como bien se dice, no podemos negar la realidad, porque nos estaríamos engañando.

Para empezar a trabajar en la aceptación y no seguir proyectando en las demás personas lo que nosotros no aceptamos de nuestra vida, es importante que primero mires con detenimiento a tu alrededor. Observa a los demás y a ti mismo, de esa forma podrás eliminar los juicios de valor que te llevan a criticar y a quejarte de los otros. Después pregúntate por el para qué de las cosas: ¿qué debo de aprender con esta situación?, ¿para qué me está sucediendo? Esas preguntas enfocarán tu visión hacia la comprensión y la aceptación y, en consecuencia, podrás encontrar mejores soluciones para tus problemas.

Por último, permítete sentir. No temas a tus emociones: si sientes rabia, busca la manera de descargar la furia, grita en un cojín o golpea la cama con una raqueta; si sientes miedo, permítete temblar y asumir que estás asustado; si estás triste, llora y busca a alguien que te apoye; si necesitas expresar amor, di en voz alta te quiero.

Aceptar las circunstancias de nuestra vida, no importa si son agradables o adversas, es un acto de valentía. A veces la vida nos pone en lugares privilegiados, otras veces nos acomoda en lugares con desventaja, pero, en definitiva, se necesita mucho valor para reconocer y admitir con sinceridad en dónde nos encontramos. Solo de esa manera podremos reconocer con qué no nos sentimos cómodos y podremos tener el coraje para transformarlo.

Para alcanzar ese punto quisiera hacer énfasis en lo necesario que es reconocer lo que sentimos. Recuerda que nuestro cuerpo, a través de la sensación, nos va dando pistas de qué experimentamos, pero también es cierto que para cada persona una sensación puede estar relacionada con una emoción diferente. Prestar atención a nuestras emociones en el momento que las sentimos nos ayuda a comprendernos mejor, a ponerles nombre y también nos permite regularlas. O, mejor dicho, a través de este proceso de reconocimiento y aceptación permitimos que fluyan y se autorregulen.

¿Cuántas veces al día reprimes tus emociones? ¿Te has detenido a pensar cómo tus emociones te desbordan intensamente sin control alguno? ¿Sabes qué emoción estás sintiendo ahora mismo? ¿Podrías nombrarla?

Otra de las ventajas de la aceptación tiene que ver con el perdón. **Cuando aceptamos los comportamientos y las formas de ser de nuestros seres queridos podemos dejar de cargar con lo que nos disgusta de esa persona**, porque, si no lo hacemos, sufrimos y además nos estancamos. Solo soltando esa carga podemos perdonar.

Piensa en esa persona, puede ser tu madre, tu padre, algún hermano o familiar, tu pareja o algún amigo o conocido. Tampoco se trata de permitir agresiones, ofensas o malos tratos, sino de entender quién es el otro. Cada ser es individual y no podemos cambiar a nadie, intentarlo solo nos desgasta.

Por el contrario, aceptar es una forma más sana de lidiar con quienes queremos. ¿Qué tanto te atreves a soltar para aceptar y fluir?

ACEPTAR TAMBIÉN ES SANAR

La aceptación es un proceso que tiene muchos tipos de obstáculos en el camino. Y es normal, porque en la vida estamos expuestos a pasar por distintas experiencias que nos causan dolores graves que no podemos eludir. Enfermedades, pérdidas, desilusiones, separaciones, etc.

A veces es muy difícil estar felices con nuestra vida actual por diferentes situaciones que nos causan conflicto y nos llenan de malestar. Por eso es comprensible que ante ellas aparezca un mecanismo de defensa que en Psicología llamamos resistencia y que durante el desarrollo psíquico y biológico del ser humano surge para protegernos del dolor y del miedo.

Puede expresarse como rasgo de personalidad y como estado cuando hay una amenaza de pérdida de poder o control. Pero, a veces, si persistimos en este mecanismo, lo que nos genera es un sufrimiento que puede ser prescindible e innecesario. Porque la resistencia suele producir una tormenta emocional que dificulta encontrar soluciones adecuadas, lo que nos puede llevar a un estancamiento emocional que no nos permita crecer.

Hay ocasiones en las que un dolor emocional puede llegar a ser mucho más resistente e intenso que el dolor físico. Te puedo compartir que el dolor más fuerte de mi vida fue recibir la noticia de que mi padre había muerto. En ese momento sentí que mi corazón se desgarraba y mi mente entraba en shock, el impacto fue incomparable porque yo sabía que se encontraba en perfecto estado de salud. Pero, a pesar del gran dolor, mi cuerpo lo resistía, le hacía frente. En ese momento hubo una barrera de contención ante el sufrimiento, porque no supe cómo lidiar con él.

Con el paso del tiempo reconocí mi resistencia y comencé el proceso de sanación. Aunque la pérdida de un ser querido nunca se cura por completo, sí comencé a llevar la herida de una forma distinta, pues dejé que el dolor entrara poco a poco para aceptarlo. **Desafortunadamente, nos han educado para que evitemos el dolor, en vez de enseñarnos a lidiar con él y utilizarlo como trampolín para crecer.** Y es justo eso lo que nos enseña la resiliencia.

Mientras la resistencia hace referencia a una fortaleza pasiva, pero estoica, la resiliencia es la capacidad para sobreponerse a las situaciones adversas de una forma adaptativa, lo que permite superar la situación catastrófica a través del aprendizaje propositivo. Lo más eficaz para desarrollarla es adoptar hábitos y actitudes, además de establecer ciertas pautas de autodescubrimiento como las siguientes.

- Identifica tus somatizaciones y lo que estás experimentando a nivel emocional: ¿recuerdas el ejercicio para conectar con tus emociones del capítulo pasado? Practícalo con regularidad para identificar esas emociones que se reflejan en tu cuerpo.

- Actúa para mejorar tu vida a largo plazo y no para eliminar el malestar que sientes.
- Observa tu patrón de respuesta automático y crea una lista alternativa de estrategias para afrontar el malestar.
- Decide cuáles de las estrategias de la lista sirven para eliminar el malestar y cuáles son para construir una vida.
- Comienza a elegir conscientemente todas tus decisiones.
- No seas tan duro con tus equivocaciones, acepta que el malestar es el mejor aprendizaje, ya que aumenta la tolerancia para convertirte en una persona más libre.

Estas habilidades requieren tiempo y práctica, pero de ellas nacerá la resiliencia, que nos ayudará a empoderarnos y estar un poco más cerca de esa felicidad por la que tanto hemos luchado. La gran diferencia es que cuando logramos aceptar de esa forma, el sufrimiento cesa y podemos transformar la percepción de nuestros problemas: lo que antes parecía una situación sin salida puede ser una oportunidad para enriquecernos. De esa manera aceptamos y permitimos el cambio porque damos paso a la comprensión de lo que nos sucede.

En la terapia Gestalt le llamamos darse cuenta o *awareness* a la forma consciente de conocernos y percibir lo que nos sucede tanto a nivel corporal como a nivel mental. Este proceso nos permite ponernos en contacto con nosotros mismos y con los objetos y acontecimientos del mundo que nos rodea. Lo que te permitirá aceptar a las cosas como son y te ayudará a aliarte con la realidad para poder avanzar, aunque en muchas ocasiones signifique abandonar proyectos o alejarte de ciertas personas o cosas.

Así como en la historia que les conté al inicio del capítulo, en el momento en el que mi paciente empezó a aceptar y permitir el cambio fue cuando pudo dar grandes pasos para su transformación.

Por eso, hay una frase que me gusta mucho de Charles Darwin, científico que planteó la idea de la evolución de las especies a través de la selección natural: "No son los más fuertes de la especie los que sobreviven, ni los más inteligentes. Sobreviven los más flexibles y adaptables a los cambios". Recuérdalo siempre que te cueste aceptar las situaciones de la vida y creas que no hay salida.

¿Cómo puedo aprender a aceptar?

Además de la aceptación de las emociones y de las situaciones de la vida que no puedes controlar, también es importante que te aceptes y te reafirmes. Estar bien contigo es el primer paso para abrir la puerta de tu realidad y emprender los cambios que necesitas. Esta apertura en tu vida te ayudará a definir una nueva visión más real de ti mismo y de lo que te sucede. Por eso ahora te comparto estos consejos para que la aceptación sea más llevadera.

1. Deja de criticarte

¿Podrías decir cuántas veces al día te criticas? Aunque parezca común y normal, atacarnos por los errores que cometemos o por situaciones en las que nos sentimos incómodos es nocivo porque nos orilla a percibir una vida llena de dificultades, desgracias, tristezas y angustias. **Cuando no reconoces tu valor, lo único que creas es dolor.** ¿Qué pasaría si te dijeras: "Pase lo que pase, voy a estar bien y valgo mucho"? Es importante que sientas tu propio apoyo y para eso siempre es bueno concentrarte en lo que te encanta de ti y así descubrir tus habilidades creativas y tu individualidad. Empieza a tratarte como tu mejor amigo, no como tu peor enemigo.

2. Alto, deja de asustarte

¿Cuántas veces te has llenado de miedo y de pensamientos aterradores? ¿Cuántas veces has notado que tu mente transforma una pequeñez en un verdadero monstruo? ¿Te puedes dar cuenta de cuántas veces nos hacemos historias realmente alarmantes que nos causan gran preocupación y, en realidad, son suposiciones? Es momento de detenerte y dejar de asustarte con tanta basura mental. Se vale hacer un alto y, para desecharlos, determinar qué miedos no tienen fundamento.

3. Transforma tus actitudes

Se vale ser más dulce y cariñoso contigo: estamos en constante aprendizaje, sé paciente porque todos cometemos errores. Eso sí, aprende a mirarlos como oportunidades para aprender y avanzar, porque es ahí cuando podremos ser más felices.

4. Recuerda los valores que te hacen ser esa gran persona

Cuando olvidamos los valores y habilidades que nos impulsan a salir adelante, empezamos a ponerle mayor energía a todo lo que nos crea barreras, miedos e incertidumbre en nuestra vida. Esa es la razón por la que es tan fácil recordar siempre todo lo negativo que tenemos. Por eso, es muy importante alimentarnos con vitaminas diarias de autoestima, es decir, decirnos todo lo positivo que nos representa como persona, para luego ponerlo en práctica.

5. Mantén la calma

Para darnos amor es importante estar tranquilos. Aunque no es tarea fácil encontrar ese amor cuando estamos pasando por momentos altamente intensos, sí podemos encontrar diferentes estrategias para relajarnos. Concentrarte en tu respiración y empezar a liberar la tensión del cuerpo es la forma más inmediata de hacerlo. Siempre será grandiosa la diferencia que puedes lograr con tan solo un minuto de voltear a ti mismo.

6. La meditación como herramienta es de gran ayuda

Meditar ayuda a conectarte contigo mismo y sentirte completamente cómodo con quien eres. Esto te permite conocerte mejor y, entre más te conozcas, más te amarás. Puedes iniciar practicando visualizaciones de cosas que te hacen feliz, que te ayuden a estar más relajado y, sobre todo, a lograr la tranquilidad con mayor rapidez y facilidad.

MI REFLEJO

Hablando de la aceptación como un gran paso para nuestro crecimiento personal, te comparto un ejercicio que puedes hacer todos los días.

Cuando te estés arreglando para iniciar tu día o ir al trabajo, obsérvate frente al espejo. Está bien, eso lo haces todo el tiempo, pero esta vez quiero que hables contigo mismo. Puede ser solo un pensamiento que diga:

"Hola, _____ [tu nombre], hoy quiero decirte que te amo. También quiero recordarte que eres una persona: [empieza a enumerar tus múltiples cualidades y virtudes, puedes escribirlas una noche antes para tenerlas presentes]. Tienes todo para lograr ser la persona que quieres ser y estoy aquí para apoyarte. Te acepto con [características tuyas] y te amo".

Reconoce todo lo que has logrado con quien eres hoy. Observa tu cuerpo y agradécele por permitirte realizar tus actividades cotidianas. Te recomiendo que practiques este ejercicio durante un mes, dedica de tres a cinco minutos para hablar contigo mismo. Se necesita de tu constancia y determinación para lograrlo. Una vez que comiences a ver diferencias, no olvides visitarme en mis redes sociales para que me cuentes cómo viviste tu transformación.

PALABRAS PARA
LLEVAR CONTIGO

- Cuando nos aceptamos podemos reconocernos y experimentar la realidad sin juicios y sin tanta exigencia.

- Reprimir emociones nunca será la solución para lidiar con ellas.

- Una forma de cambiar nuestra actitud hacia el dolor es aceptar que todo lo que nos sucede puede ayudarnos en nuestro crecimiento personal.

- Para amarme a mí mismo, uno de los pasos cruciales es dejar de culparme, castigarme y de causarme dolor con los pensamientos.

- Siempre será grandiosa la diferencia que puedes lograr con tan solo un minuto de voltear a ti mismo.

Para tener bienestar,
se necesita equilibrio
y no excesos.

CINCO

¿Cómo va tu vida
con el intento de ser
muy positivo?

Un momento para evaluar las máscaras

Que las personas traten de aparentar ante los demás una vida llena de amor y felicidad no significa que de verdad la tengan en lo íntimo. Lo pude atestiguar a través de un amigo productor que siempre se presentaba con una enorme sonrisa cuando te lo encontrabas en la calle.

Por supuesto que esa energía la presentaba con mayor efusividad al estar frente a cámaras. Era guapo, talentoso, aventurero y cualquiera que lo conociera no podía evitar enamorarse del optimismo que irradiaba cuando sonreía. Pero siempre hay un lado que no vemos y muchas personas cercanas a él me contaban de sus cambios fuertes de humor y de su constante pesimismo, que era exactamente lo contrario a lo que mostraba siempre.

Por un lado, exhibía una vida perfecta en redes sociales, en donde también se proyectaba como la persona más sensible y amorosa que pudieras conocer. Pero en la vida cotidiana sus acciones verdaderas eran todo lo contrario. En una ocasión, al terminar el ensayo de una obra de teatro que producía, tuvo una pelea muy fuerte con el coreógrafo de sus bailarines y actores, a quien terminó diciéndole las palabras más feas que se le ocurrieron. A los pocos minutos, durante una entrevista, mi amigo aseguró que trabajaba con el coreógrafo más maravilloso del mundo. Ninguno de los que presenciaron la pelea entendía lo que estaba escuchando, ya que era sumamente incongruente después de lo que había pasado.

Su caso es muy extremo porque estaba diagnosticado con bipolaridad, un día podía decir que amaba a alguien y al día siguiente no soportaba a esa persona, pero cuento su historia para asegurar que las apariencias engañan. Alguien puede mostrarse perfecto y entusiasta al exterior, pero no sabemos si por dentro sea todo lo contrario. En resumen, no todo el que sonríe está 100 % feliz.

Tendemos a usar muchas máscaras sociales y quizá es momento de permitirnos liberar y canalizar nuestras emociones como queramos, sin la presión social que suele obligarnos a mostrarnos siempre contentos.

Creer que debemos sonreír ante diferentes situaciones porque es la única alternativa, o bien guardarnos emociones para mostrarnos fuertes, es perjudicial cuando hay tanto que nos gustaría liberar dentro de nosotros.

Tampoco se trata de estar serios todo el tiempo o con cara de tristeza, porque una sonrisa nos llena de vitamina. Pero en el fondo siempre es necesario ese impulso de la congruencia, es decir, trabajar con todo lo que hay detrás de esa sonrisa que se ve a simple vista.

De lo positivo a lo irreal

Seguro alguna vez has conocido personas que son tan positivas que llega un punto en el que ya no les crees todo lo que dicen. Soy la primera persona que está a favor de los pensamientos positivos, pero cuando trabajo en terapia con alguien que atraviesa por alguna situación de dolor y me responde con un pensamiento demasiado positivo, suele ser evidente que lo usa como forma de evasión y mi trabajo consiste en ayudarlo a tomar conciencia de eso.

Me ha pasado muchas veces que llegan personas a la primera consulta y me dicen que todo en su casa está muy bien, que la armonía es maravillosa y que no saben por qué les está ocurriendo lo que les pasa. Es en ese momento cuando yo me pregunto: ¿qué tanto se creerán esa idea? Conforme van hablando en la sesión, poco a poco va saliendo todo lo contrario: las cosas positivas que me dicen al inicio, para evadir o porque les da vergüenza, se diluyen porque al final resulta que en la familia hay engaños, malos hábitos, adicciones y falta de comunicación.

Cuando exageramos las cosas positivas para hacer parecer perfecta una situación, desde cómo contamos un proyecto de trabajo hasta cómo describimos nuestra relación de pareja, lo único que logramos es caer en una irrealidad, en un autoengaño. Y entrar en una sintonía de exageración puede llevar a las personas a sumergirse en un mundo sin bases sólidas y, con ello, a un estado de frustración que conduce a la decepción, al ver que todo lo que se espera no se realiza.

Por ejemplo, cuando nuestra pareja no responde a nuestro cariño ni a nuestras atenciones de la forma en la que esperamos; o bien cuando a pesar de nuestro esfuerzo, perfeccionismo y buena actitud en el trabajo no recibimos el aumento o el sueldo que queremos; o simplemente cuando nuestra familia vive sumida en chismes que nos dañan, pero que, por más esfuerzos que hagamos, no podemos acallar.

En este estado de frustración, una persona puede llegar a sentir ira e, incluso, un vacío constante. La intensidad de la frustración dependerá de qué tan grande haya sido ese deseo, necesidad o impulso que no pudimos llevar a cabo o que no se materializó de la forma que esperábamos. Si este estado de malestar emocional persiste, puede inhibir el crecimiento y el bienestar.

La sintonía de exageración te lleva a crear una burbuja en la que solo existes tú siempre sonriendo, lleno de amor y felicidad. Esta burbuja puede ser buena y placentera a corto plazo, porque te ayuda a sobrellevar situaciones que no quieres enfrentar. Pero hay que tener herramientas para hacerles frente, ya que cuando la burbuja explota esas situaciones que no querías enfrentar se presentan con mayor intensidad.

Todos nos sumergimos en esa burbuja cuando pasamos por circunstancias con las que no queremos lidiar, porque es más fácil evadir, pero hay que darnos cuenta de que al permanecer en ella solo estamos fomentando nuestra propia mentira. Recuerda que puedes negar o reprimir los pensamientos y emociones negativas, pero no por eso desaparecen. Para ello es importante afrontar y sanar. **Identificar qué es lo que nos duele o nos causa angustia nos ayuda a hacer conciencia de la situación de forma objetiva.** Así podemos liberarnos.

Una cosa que debes tener presente es que no solo se trata de cultivar más pensamientos positivos que te impulsen día a día, sino de olvidarnos un poco de la forma específica de ser feliz que el mundo nos ha vendido a través de ciertos arquetipos.

Un arquetipo es una convención que, con el tiempo, se termina por transformar en un modelo para la sociedad. A través de ellos se nos impone, por ejemplo, una manera generalizada de ser felices, cuando la felicidad es algo diferente para cada persona. Lo negativo de esto es que cuando no cumplimos con esos modelos, se puede desatar un viaje muy cansado de frustraciones y ansiedades.

Sin embargo, los arquetipos no son los únicos responsables, ya que nosotros tenemos la gran habilidad de poder decidir de qué forma tomarlos: ya sea angustiarnos por la idea de no cumplirlos o tomarlos como parte de nuestra cultura nada más, conscientes de saberlos elegir cuando nos motiven y soltarlos cuando no.

Por lo tanto, no se trata de imponernos el optimismo y forzar nuestra mejor sonrisa aun cuando no tenemos ganas de mostrarla, se trata de ser congruentes con nuestros estados de ánimo internos para no irnos a los extremos y así poder sacar provecho del optimismo genuino. Lo que quiere decir que también podemos abrazar lo negativo sin engancharnos, ya que también aparece en nuestra vida para darnos alertas que nos previenen de algunas situaciones.

La vida está llena de desafíos y es natural que al enfrentarnos a ellos todos los días desencadenemos muchos tipos de pensamientos y emociones, incluidas la ira, la tristeza y el miedo. Pero si tratas constantemente de evitar lo que consideras negativo y te apegas solo a lo positivo lo único que estarás negando son tus verdaderos sentimientos, es decir, estarás negando una parte de ti mismo. En el momento que nos permitimos ser congruentes con lo que decimos o expresamos, empezamos a ser congruentes con nosotros mismos y podemos darle sentido a nuestro ser. Y es en ese momento cuando logramos ser nosotros mismos.

ALGUNOS CONSEJOS PARA PONERLE NOMBRE A LAS EMOCIONES

A continuación te presento algunas otras situaciones en las que el optimismo extremo puede convertirse en un problema para la persona. ¿Cuáles reconoces en ti?

No siempre todo es positivo

Necesitamos de la dualidad, como el ying y el yang, dos conceptos del taoísmo usados para representar fuerzas opuestas pero complementarias. Decir: "No pasa nada, estoy bien", cuando en realidad sí están sucediendo cosas puede ser contraproducente. Fingir que todo está perfecto es esconder nuestras verdaderas emociones detrás de una máscara. Por eso te invito a que te quites la mayor cantidad de máscaras en tu vida y elimines sonrisas vacías por tratar de encajar. Lo cual no quiere decir que tengas que comunicar a todos los que te rodean lo que sientes, pero sí hacer conciencia de qué emociones son las que realmente experimentas para poder canalizarlas o redireccionarlas en acciones constructivas.

Por ejemplo, hace unos años, cuando llegué a la Ciudad de México, trabajé en una dependencia de gobierno en donde, a pesar de que hice un excelente grupo de amigos, me sentía incómoda porque no era un trabajo que disfrutara.

Aunque después de un año me ascendieron, no tenía experiencia en el área del puesto nuevo que me ofrecieron y todos los días llegaba ansiosa por el duro trato que mi jefe me daba. Y si bien ponía todo mi esfuerzo, recibía reproches por no hacer a la perfección el trabajo que él me pedía. Después de meses, de un ascenso y de mucho entusiasmo que se evaporó por el mal ambiente de trabajo, fui sincera conmigo: estaba poniendo mucha energía en algo que me hacía daño. Fue solo hasta que lo admití que pude vislumbrar nuevos horizontes y me animé a dedicarme a mi verdadera pasión.

Cambiemos expectativas irreales

Basar el equilibrio emocional en sueños irreales que se pretenden cumplir a corto o mediano plazo sin las herramientas adecuadas, es similar a construir castillos en el aire. Una persona que no fundamenta sus acciones en cosas palpable, como su familia, su profesión, su hogar, sus amigos o sus experiencias cercanas, no podrá alcanzar la estabilidad porque estará partiendo de suposiciones lejanas. Las consecuencias de vivir de este modo son bastante perjudiciales para la salud emocional, ya que tarde o temprano las personas tendrán que hacer contacto con la realidad y eso les afectará de gran forma. Los psicólogos las llamamos *expectativas irreales* y estas suelen ir acompañadas de sentimientos de frustración y decepción porque son ideas, usualmente fantasiosas, que poco concuerdan con nosotros.

Una persona con exceso de optimismo se niega a mirar la realidad tal y como se presenta, enfoca su atención en una sola dirección y tiende a excluir los elementos que no van acordes con su visión positiva. Esto trae como consecuencia que no pueda captar la realidad de manera objetiva ni fijar planes ni metas alcanzables.

Ausencia de flexibilidad

Cuando nos negamos a considerar nuestro contexto y nuestra realidad tal y como es, podemos caer en el error de no diseñar planes de contingencia. Un plan paralelo que, en caso de que los resultados no sean los esperados, nos ayude a no perderlo todo y tener alternativas. Cuando somos optimistas en exceso, el afán por engañarnos a nosotros mismos puede llevarnos a dar todo por sentado y a aferrarnos a la idea de que nada más podrá darnos felicidad, lo cual puede desembocar en apegos nocivos.

Por ejemplo, conozco al dueño de una empresa que ha levantado su negocio una y otra vez año tras año, a pesar de que los expertos siempre le aconsejan transformarla, porque de otra forma lo único que hace es perder dinero. Sin embargo, él está convencido de que su negocio, tal y como está, es lo mejor de su vida. No quiere cambiarlo ni mucho menos cerrarlo, a pesar de las grandes pérdidas, porque representa mucho para él.

A esto es a lo que me refiero cuando digo que el optimismo excesivo puede resultar dañino, en el caso del empresario, su grado de su positividad ya no es tan constructivo porque ha perdido la flexibilidad de cambio para fluir y seguir creciendo. Como dijo el psiquiatra y psicoterapeuta fundador de la Psicología Analítica, Carl Jung: "Lo que niegas te somete, lo que aceptas te transforma".

Las emociones nos trasforman

¿Cuántas veces en la vida te ha pasado que el dolor te trajo compasión, el enfado te motivó a superar tus límites y la inseguridad se convirtió en un catalizador para el crecimiento? Como te decía, **cuando les das espacio y aceptación a tus emociones, en vez de reprimirlas o negar la realidad, puedes canalizarlas como un desafío que te llevará al progreso.**

Como en la película *Intensamente*, ¿la viste? Si no, te cuento que es una producción de Pixar que habla de la gama de emociones que poseemos dentro de nosotros y cómo se representa cada una. Lo que me gusta de esta película es que muestra, de una forma muy divertida y entretenida, cómo cada persona necesita vivir todas sus emociones para aprender y crecer. Así, durante un conflicto, Alegría, la protagonista de la historia, se esfuerza por hacer a un lado a sus compañeros para que Riley, la niña en la que viven, no sufra ninguna otra emoción aparte de la alegría. Pero en su afán por protegerla se da cuenta de que esas barreras evasivas no le permitían aprender ni crecer emocionalmente, porque para hacerlo necesitaba experimentar todas sus emociones.

Algo que me sucede constantemente al dar coaching es ver cómo llegan personas con grandes temores, desesperadas por "curarse" para tener éxito. **Piensan el éxito como si fuera una nube en la cual pueden descansar, a salvo del monstruo imaginario del fracaso que constantemente los persigue.** Lo triste es que esa nube resulta ser un espejismo que desaparece muy pronto, porque el miedo al fracaso siempre vuelve a aparecer.

Una de las estrategias que me gusta trabajar con estos casos es hacer que imaginen el peor escenario, de esa forma pueden explorar lo que sucedería si sus miedos más profundos se hicieran realidad. Solo así el miedo deja de ser un monstruo. Pues lo único que sucede si fallas una y otra vez es que aprenderás a ponerte de pie y volver a intentarlo. Solo así aceptas el miedo, respiras paz y aprendes de tus errores para elevarte.

Usar conscientemente el poder que le das a tus miedos para construir la realidad que deseamos es una herramienta importante en la Psicología Analítica. ¿Cuántas veces no has dejado de tomar decisiones que te impulsarían al crecimiento por miedo a caerte? Cuando abrazas todo el espectro de tus emociones, incluidas la tristeza, la ira, la inseguridad y el miedo, toda la energía que usas para luchar contra ti mismo se dispone para vivir y crear.

Recuerda: las emociones son pura fuerza de vida y solo puedes acceder a todo el poder de la conciencia cuando te permites la plenitud de tus emociones. Si aparece el dolor, la tristeza e ira, también puede aparecer el amor, la alegría y el entusiasmo. Todas estas emociones al final encontrarán su equilibrio natural y el equilibrio es mucho más saludable que la división bueno y malo. Al final, todas las emociones nos dan esa gran esencia como personas y como seres únicos e inigualables.

El desconocimiento de sí mismo

Hace poco conocí a una persona que estaba muy entusiasmada por la idea de inscribirse en una carrera de diez kilómetros. Su optimismo era muy alto porque no era la primera vez que lo hacía y, aunque tenía una lesión en la rodilla, sentía que nada la limitaba. Aunque en ese momento ya no tenía la misma condición ni entrenaba tanto como antes, su optimismo le decía que lo podía lograr. Y claro que lo logró, pero las consecuencias por no estar lo suficientemente preparada le causaron graves lesiones físicas.

Ese es un gran ejemplo de la fuerza que tiene el impulso del optimismo y la confianza, es maravilloso, pero también es sumamente importante identificar realistamente en dónde estamos parados y las exigencias que nos imponemos. No porque no podamos lograr lo que nos proponemos, sino para evitar aferrarnos a una idea que nos pueda hacer correr el riesgo de hacernos daño, como el corredor del ejemplo.

Por eso es importante fomentar herramientas adecuadas para lograr nuestras metas. Porque, como ya vimos, el exceso de optimismo puede llevarnos a desconocer nuestra condiciones y limitaciones actuales, así como a cegarnos ante los factores que pueden influir en que los proyectos no se concreten. Por eso, nuestra gran e indispensable herramienta para el desarrollo de la inteligencia emocional será el autoconocimiento de nuestras emociones.

No tienes que descartar ser positivo, pero sí es importante ver todas las alternativas y aceptar realidades que muchas veces no se pueden cambiar. Identificar tus emociones será la guía para vivir en tu presente, por lo tanto, se vale abrazarlas e indicar hacia dónde las quieres llevar y de qué forma canalizarlas para empezar a soltar. Por ejemplo, cuando una persona rompe con su pareja, pero sus pensamientos positivos tienen que ver con regresar con ella y ser tan felices como al principio, es importante frenar y admitir que en realidad eso no está en sus manos, porque la fuerza del optimismo no hará que el otro cambie de opinión. En situaciones similares es útil repetirnos: "Me toca vivir este duelo, soltar y generar mayor aprendizaje". Para ello también es indispensable llorar por lo que sientes, enojarte o gritar y permitirte experimentar las emociones que emerjan.

DE CORAZÓN A CORAZÓN

La siguiente es una dinámica maravillosa que consiste en tomar una hoja en la que dibujarás un corazón. Dentro de él tendrás que escribir las emociones que hayas experimentados estos últimos meses, semanas o días. Al lado de la figura escribe el aprendizaje que cada una te haya dejado y cómo te gustaría empezar a canalizarlas en algo productivo.

Al realizarlo, podrás darte cuenta de todo lo que vale tu gran corazón y tu interior, aceptarás todas las emociones que fluyan y ese conocimiento te hará crecer como persona. Todo pensamiento es el reflejo de una emoción.

PALABRAS PARA
LLEVAR CONTIGO

- Cuando una persona entra en una sintonía de exageración, aunque sea positiva, se sumerge en un mundo sin bases sólidas.

- Lo ideal es asumir un optimismo cuyo punto de partida venga de una realidad circundante, en el cual te plantees metas realistas y posibles de alcanzar.

- No todo tiene que ser positivo, necesitamos la dualidad, como el ying y el yang, dos conceptos del taoísmo usados para representar fuerzas opuestas pero complementarias.

- Cuando no podemos reconocer la realidad, vamos en contra del autoconocimiento. Es importante romper esas barreras y aceptar para fluir como personas y amarnos realmente.

- El optimismo es maravilloso como impulso, pero es sumamente importante identificar en dónde estamos y de qué forma nos exigimos.

*Ni el mayor dolor ni la mayor
crisis son para siempre, todo pasa
y se transforma.*

SEIS

¿Cómo va tu vida
aceptando que nada
es para siempre?

Un momento
para soltar

Hace unos años leí un cuento que me hizo pensar en la forma en que nos apegamos a muchas situaciones que no queremos que terminen. Y esto suele traernos miedos por dejar de poseer lo que en realidad no está en nuestras manos, además de que no nos permite crecer.

El cuento habla de un árbol con hojas amarillas muy hermoso. Las tenía de todos tamaños y formaban una gran copa tupida. También su tronco servía como hogar para muchos pájaros e insectos que no dudaban en hacerle un agujero para vivir ahí. Por eso nuestro árbol protagonista amaba su vida, se sentía muy contento con quien era y con todo lo que compartía en el mundo.

Un buen día se dio cuenta de que sus hojas comenzaban a caerse con el inicio del invierno.

No era nada extraño porque solían renovarse anualmente, pero ese año lo invadió el temor de que no volverían a brotar nunca más. Poco a poco también los animales comenzaron a resguardarse del invierno en sus madrigueras, como siempre, pero esta vez el árbol no pudo evitar sentirse triste y solo.

Ni la idea de que la llegada de la primavera traería consigo a los animales de nuevo pudo reconfortarlo. Por eso se aferraba a las pocas hojas que le quedaban, pero con sus ramas débiles y su tronco inclinado por el pesar, ahora era el fantasma de sus mejores días. Le tenía pánico al futuro, quería regresar a los viejos días de sol, hojas abundantes y amigos que lo querían.

—Si las sueltas, te abrirás a nuevas experiencias —le dijo un día un viejo roble que vivía junto él al verlo tan triste, tan alerta de que el viento no se llevara sus únicas hojas—. Lo que viviste en el pasado ya está muerto, como tus hojas.

—No están muertas —respondió el árbol con resentimiento—. Pronto alguien vendrá y apreciará mi belleza.

—Nadie se acerca a un árbol que es el reflejo de lo que fue. Confía en mí, suelta una hoja.

El árbol se animó y dejó caer una. En ese instante, la sabia comenzó a circular por el lugar en donde había estado la hoja, lo que lo llenó de una sensación de fuerza y vida renovada. Al cabo de los días, pequeños tallos de hierba comenzaron a nacer en el suelo en donde habían caído sus hojas. Y nuevos insectos y hormigas empezaron a llegar para refugiarse en él. Muy pronto, las hojas comenzaron a nacer de nuevo en sus ramas.

Con la llegada del verano, el árbol volvió a ser quien siempre había sido, pero más sabio y fuerte. Concluyó que los pequeños cambios pueden generar mucha vida, pero para que sucedan debes soltar el pasado para abrir espacio a las nuevas experiencias.

Cuántas veces nos ha dado miedo que nada sea para siempre y no nos damos cuenta de que hay una parte maravillosa en aceptar que también el dolor, el miedo, la angustia y la tristeza se van y te dejan aprendizajes. Así como el árbol, ¿cuántas veces te has aferrado a cosas que no te permites soltar?

La vida continúa

Muchas veces pasamos por situaciones difíciles o que se van de nuestras manos. Podemos perder sueños, relaciones, trabajos, deseos y lo único que viene a nuestra mente durante el proceso es que ya jamás volveremos a ser felices. Recuerdo que la última vez que me pasó, lo único que deseaba era que el tiempo pasara de forma rápida para poder superar la situación cuanto antes. Deseaba tener una pastilla mágica que me hiciera olvidar o bloquear todo lo que estaba viviendo. Pero ¿de qué serviría esa pastilla si solo eliminara un sufrimiento momentáneo sin dejarme aprendizaje?

Aunque a nadie le gusta sufrir, se necesita vivir cada situación para aprender y crecer con ella. Aunque suene más atractiva la idea de bloquearla, no serviría de nada porque estoy segura de que al poco tiempo se repetiría. Por ello es tan importante que si volteamos atrás sea solo para ver cómo hemos superado diferentes situaciones. Así nos daremos cuenta de que todo pasa, evoluciona y, sobre todo, continúa. Esa emoción de coraje, de angustia, de gran tristeza también pasa. Lo mejor es que siempre nos llevará a una aceptación que nos generará paz. Más adelante veremos cómo comenzar a hacerlo.

Por ahora pensemos en una persona altamente sedienta. En una situación así, su cerebro solo pensará en saciar ese malestar y no podrá disfrutar nada hasta hacerlo. Se mostrará preocupado, desesperado y angustiado por ello. Por otro lado, una persona que no esté sedienta puede controlar cuándo beber y seguir disfrutando lo que está a su alrededor. En Psicología, podríamos explicar el desapego como una carencia de sed.

En el tercer capítulo vimos que el apego causa malestar porque entregamos nuestra felicidad a algo ajeno a nosotros, lo que nos hace pensar que si no lo tenemos, no podemos ser felices. Esto nos programa la mente con conflictos y angustias que nublan las cosas positivas de nuestra vida.

Me ha tocado escuchar a personas que en la primera etapa de enamoramiento me dicen de forma nerviosa: "Tengo miedo de que esto termine".

Mi respuesta siempre es: "Vívelo hoy, mañana ni siquiera sabes si estarás vivo". Esto sucede porque el apego es un estado emocional que tiene dos caras: una positiva, que desata placer y emoción monetáneos con el objeto del apego, y otra negativa, que hace que nos sintamos amenazados y vulnerables por la idea de perderlo.

Suena como un círculo vicioso, ¿verdad? Sin embargo, sí es posible ganar la batalla contra los apegos. Aunque no sea una tarea fácil, se inicia dando el primer paso: hay que comenzar por renunciar y cambiar nuestra programación mental. Para ello puedes empezar con el siguiente ejercicio.

Haz una lista con las cosas que consideres que tienes miedo a perder. Después busca un espejo y dile a cada una de ellas lo siguiente: "En realidad no estoy apegado a ti en lo absoluto, solo estoy engañándome a mí mismo creyendo que sin ti no puedo ser feliz".

Ahora, si en la lista aparece alguna persona, repite: "Te dejo que seas tú mismo, que tengas tus propios pensamientos, que sigas tus propias inclinaciones, te libero con amor y me libero con amor". Puedes decir las frases en voz alta o mentalmente, como te sientas más cómodo.

Te he contado que parte de mi formación como psicoterapeura es la terapia Gestalt, por eso me encanta compartir con mis pacientes este texto de Fritz Perls que es conocido como la *Oración Gestalt*. Cópiala en un papel y tenla siempre en un lugar muy visible, en tu casa o en la oficina, y léela cuando sientas preocupación o angustia por perder a alguien que te importa. Hazlo cuantas veces sea necesario.

Yo soy yo.
Tú eres tú.
Yo no estoy en este mundo para
cumplir tus expectativas.
Tú no estás en este mundo para cumplir las mías.

Tú eres tú.

Yo soy yo.

Si en algún momento o en algún

punto nos encontramos,

será maravilloso.

Si no, no puede remediarse.

Falto de amor a mí mismo cuando,

en el intento de complacerte, me traiciono.

Falto de amor a ti cuando intento

que seas como yo quiero,

en vez de aceptarte como realmente eres.

Tú eres tú.

Yo soy yo.

Como decía Buda Gautama: "El mundo está lleno de sufrimiento, la raíz del sufrimiento es el apego a las cosas y la felicidad consiste precisamente en dejar caer el apego de todo cuanto nos rodea". El **apego es similar a un sueño, porque la felicidad momentánea no es real.** ¿Pero te has puesto a pensar que, en realidad, lo que te hace feliz o infeliz no es la situación que te rodea sino los pensamientos que están en tu mente?

No es lo que sucede, es cómo lo piensas

Un estudio de la Universidad de Michigan, dirigido por la Dra. Barbara Fredrickson, demostró algo interesante: educar nuestro cerebro en dimensiones como la esperanza nos puede ayudar durante los periodos de crisis. Es decir, si pensamos que mañana será mejor que hoy y que las cosas mejorarán, probablemente sortearemos mejor los periodos difíciles.

Esto quiere decir que en realidad no importa lo que suceda fuera de nosotros, si aprendemos a educar nuestro cerebro en el desapego podremos reprogramar nuestras vidas.

Ya te he contado cómo me sentí con la muerte de mi padre. Fue un golpe muy duro porque yo imaginaba que llegaría mucho después, que él tendría oportunidad de ver crecer a sus nietos, pero se fue en un momento en el que yo aún no tengo hijos. Después de esa pérdida, surgió en mí el miedo a que alguien más de mi familia se fuera. Era un miedo incontrolable que se había instalado después de ese momento tan difícil. Y pude deshacerme de ese pensamiento cuando acepté que nada es para siempre, que a veces las situaciones se salen de nuestras manos y que los momentos felices inevitablemente se terminarán.

No me malinterpretes, no se trata de que pierdas los ánimos, sino de que valores todo lo que tienes en este momento. Se trata de que reprogrames tu vida y experimentes el presente sin apegos que te dañen. Vivir bajo el lado positivo de la frase "nada es para siempre" es vivir con esperanza, porque solo entonces podremos comprender que todo tiene un ciclo y que quedarnos atados a una etapa no nos permitirá continuar a la siguiente.

Piensa en el proceso de vida de una planta: inicia como una semilla, cuando germina y tiene las condiciones adecuadas de luz y humedad, el tallo brota y las raíces se desarrollan. Así hasta que por fin pueda florecer, pero llegará un momento en el que se secará y morirá. Las flores no durarán para siempre, pero será hermoso mientras suceda.

A veces vamos por la vida sin hacer conciencia de que a cualquier edad y ante cualquier circunstancia podemos morir o le puede suceder algo a quienes amamos. Damos por hecho que vamos a vivir muchos años, pero eso nadie lo tiene asegurado. Por eso cuando pierdes algo es tan complicado aceptarlo. En cambio, si estás consciente de que somos mortales, de que todo en la vida es finito, será más sencillo aprender a disfrutar lo que tienes en este momento. Aprenderás a vivir en el presente.

Una parte fundamental de vivir en el desapego tiene que ver con profundizar en nuestro propio yo. El desapego nos ayuda a notar de una manera más serena lo que está sucediendo a nuestro alrededor sin involucramos hasta el punto del sufrimiento emocional. Es como ser testigos de los eventos sin que nos afecten directamente. De esa forma nos liberamos de la confusión inmediata y conservamos energías para reflexionar sobre el verdadero significado de los acontecimientos o el comportamiento de las personas.

Quizá estás pensando: "Qué fácil es decirlo". Es cierto que cuando nos enamoramos, tenemos el trabajo de nuestros sueños, por fin conseguimos lo que tanto anhelamos o somos muy cercanos a nuestros seres queridos sentimos que no podemos tener el control del apego.

La dependencia se presenta como una droga que, si no la tenemos, afecta automáticamente nuestro estado emocional. Pero ¿recuerdas el cuento del árbol al inicio del capítulo? ¿Qué sucedió cuando se animó a soltar sus hojas? Comenzó a vivir nuevas experiencias y recuperó su felicidad.

Sí podemos darnos a la tarea de empezar a soltar. Comienza con cosas pequeñas y después sigue con las grandes. Recuerda que entre más retienes algo, más lo asfixias y más pronto se querrá ir. Por eso, toma en cuenta los siguientes puntos para que comiences con tus propios procesos de desapego.

Acepta tu realidad y quién eres

Es hora de evaluar tu interior. Piensa lo que puedes cambiar o lo que necesitas dejar ir porque te genera problemas y te envuelve en esclavitud. Analiza todo desde un punto de vista menos personal, más externo.

Intenta no saturar tu mente con ideas negativas de ti mismo durante este proceso. Haz las paces contigo y acepta tus imperfecciones. Todos las tenemos.

Busca la estabilidad emocional

Tratar de controlar nuestras emociones puede ser una lucha eterna e imposible. Pero no necesitas tener el control completo de ellas, de lo que se trata es de que ellas no tengan el control completo de ti.

Para hacerlo, puedes comenzar a trabajar con tus pensamientos y conversar contigo. Las autoconversaciones se basan en tus diálogos internos. Hay una estadística que dice que el 80% de lo que pensamos no es positivo, así que dedica unos minutos al día para evaluar tus autoconversaciones, identificar la forma en que te atacas con comentarios destructivos y transformar esos pensamientos que te generan desequilibrio emocional en propuestas constructivas. Recuerda no es lo que pasa, es cómo lo piensas.

Enfócate en las soluciones y asume lo que te toca

Cuando haya problemas, date unos minutos para respirar y pensar en la mejor forma de solucionar. Pensar únicamente en lo que está mal terminará por ahogarte.

Por eso también es importante que te responsabilices de tus acciones, pensamientos y emociones. Nadie te dirá cómo debes sentirte o qué debes hacer, nadie puede obligarte a hacerlo. Por eso ten presente que la forma en la que respondemos a los desafíos es nuestra elección.

Reconoce tu mochila emocional y abraza la incertidumbre

Cuando te aferras a las heridas del pasado, lo único que obtendrás será odio, rencor y autocompasión. Te estancarás. Por eso para comenzar a desapegarnos del pasado es importante que aprendas a perdonar y a perdonarte.

Solo así podrás abrazar la incertidumbre de no saber qué te depara el futuro y las nuevas experiencias.

Toma distancia de las opiniones de los demás y concéntrate en tu aquí y ahora

Cada persona tiene derecho a vivir su vida como quiera, por eso enfocar tu energía en los otros no te permitirá avanzar en tu propio camino ni en el presente.

Es en el aquí y el ahora donde podemos tomar el control de lo que nos pasa, solo así evitaremos caer en depresión o en la ansiedad que conlleva anhelar el pasado o el futuro incierto.

Soltar es la única forma de avanzar

La compulsión, la obsesión, el apego excesivo a algo o alguien o la necesidad de validación son conductas que pueden destrozarnos cuando los resultados son decepcionantes o las cosas no suceden como pensábamos que pasarían. Todo ello deviene en estrés crónico, fatiga, conflicto y agotamiento. Y son estas ansiedades y preocupaciones las que contribuyen principalmente al desgaste físico y emocional.

No tienes idea la cantidad de pacientes que se presentan en mi consultorio con apegos que los tienen sumidos en una depresión absoluta. Por eso, a continuación te dejo algunas palabras a las que puedes recurrir en diferentes situaciones de la vida.

Rupturas amorosas

Terminar una relación no significa que te quedarás solo toda la vida. Tampoco significa que ese dolor que sientes se quedará para siempre.

En estos casos recuerda siempre que el tiempo es el mejor aliado para sanar y que de este dolor saldrás transformado.

Pérdida de un ser querido

El dolor por la pérdida de alguien a quien amabas puede ser desgarrador. Sin embargo, ten por seguro de que conforme avance tu proceso, el dolor se transformará.

Eso no significa que va a desaparecer, pero llegará un punto en el que podrás convivir con él y llevarlo sin que te pese tanto.

Los hijos no siempre estarán bajo tu control

Llamamos síndrome del nido vacío a la etapa en la que los hijos dejan de vivir con sus padres y la pareja se queda sin el rol que ejercían como líderes de familia.

Sé que no es fácil desprenderse de la idea de que tus hijos ya no vivirán contigo, pero piensa que también es incvitable que vuelen, al igual que tú lo hiciste en tu momento. Además, es maravilloso, quiere decir que también tendrás más tiempo para ti.

Cuando debemos hacer un cambio en nuestra propia vida

Toda emoción, así como las diferentes etapas de nuestra vida, tiene una continuidad.

Por eso es tan importante que sepas que puedes decidir cuándo es el momento de cambiar de página para continuar con tu vida.

Rompe tus apegos

Como en la historia del árbol que necesitaba soltar para crecer, ahora te toca a ti. Por eso, te invito a realizar este ejercicio en el que solo necesitarás un globo y un plumón.

Inicia cerrando los ojos un momento y pensando en los apegos que no te permiten avanzar. Ten presente todas las veces que has sufrido por estar atado a ellos.

Cuando hayas pensado en lo que no te permite ver lo maravillosa que es tu vida, toma el globo y empieza a inflarlo. Libera cada uno de esos apegos en el globo, libéralos con cada soplo. Cuando ya no puedas más, amárralo para impedir que el aire escape y con el plumón escribe en la superficie del globo todo lo que se ha vuelto una barrera en tu vida.

Cuando esté listo, sostén el globo en tus manos y di en voz alta: "Adiós, [aquí debes mencionar el primer apego que tengas anotado], no me perteneces, hoy te libero".

Repetirás el mismo ejercicio con cada apego que esté anotado en el globo y cuando ya no te quede ni uno, vas a romperlo.

En ese momento podrás decir: "Hoy decido ser libre para ser feliz".

Palabras para llevar contigo

- Nada es para siempre, darte cuenta de ello te permitirá vivir sin apegos, liberarte y liberar a los demás de ti.

- Aunque a nadie le gusta sufrir, se necesita vivir cada situación para aprender y crecer.

- El mundo en el que vivimos lo creamos con nuestra mente, con la forma en la que vemos los acontecimientos. Por lo que puedes ser feliz aquí y ahora disfrutando plenamente tu presente.

- Analiza los problemas desde un punto de vista menos personal, más externo.

- Entre más retenemos algo, más lo asfixiamos y así más pronto se querrá ir.

*Me puedo olvidar mucho tiempo
de mí, aunque me tenga conmigo
todo el día.*

SIETE

¿Cómo va tu vida
al estar contigo
mismo?

Un momento
para estar contigo

Un día desperté sintiendo un gran vacío. Hacía poco había terminado una relación de pareja y la lejanía con mi familia me afectaba mucho. Pasar días completos sin ver a nadie me causaba tristeza, ansiedad y angustia. Hasta el simple hecho de ir sola al gimnasio me ponía mal, no soportaba hacer ejercicio porque no podía dejar de pensar en lo que había pasado con él. En pocas palabras, no disfrutaba lo que hacía porque no sabía estar sin mi expareja, no saboreaba las cosas y tampoco sabía valorar mi tiempo conmigo. Puse tanta energía en creer que mi mundo era con otra persona que me olvidé de mí. ¿A quién no le ha pasado algo así en alguna relación fallida?

El día en que no tuve ganas de levantarme de la cama decidí que era momento de ir a terapia.

Recuerdo que la primera pregunta que me hizo la terapeuta fue: "Del uno al diez, ¿qué tanto soportas estar contigo?". Aunque seguro en ese momento mi respuesta debió ser menor, dije seis. Y me di cuenta de lo poco que soportaba mi presencia.

Al salir de sesión, tomé un gran respiro y pensé en todo el tiempo que dedicaba a lo que no me permitía avanzar. Claro que sentía un dolor en el pecho muy fuerte, pero no dejaba de repetirme: ¿por qué anhelo estar con alguien que no quiere estar conmigo? En ese momento recordé la respuesta que le había dado a la psicoterapeuta después de decir seis: "Ni yo soporto estar conmigo a solas". ¿Cómo podía desear que alguien más quisiera quedarse conmigo?

Por eso me dediqué a realizar sola actividades que antes hacía con mi pareja. Me fui a escalar montañas, subí con dos amigas a un globo aerostático, planeé nuevos viajes y disfruté mucho a mi familia. Claro que no era nada fácil, a veces no tenía ganas de salir, pero sabía que era peor seguir lastimando la herida sin ver por mí. En ese momento mi gran vacío era por falta de amor, pero no de alguien externo, sino de mí misma. Qué ironía darme cuenta de lo fácil que me resultaba dar amor a los que me rodeaban, pero no a mí, siendo yo lo principal en mi vida.

Comencé a darme ánimos siempre por la mañana. Me veía al espejo y me repetía: "Hoy es otro día, es mejor que ayer y me amo más que nunca". Aunque en un inicio no sabía si iba a funcionar, no dejé de repetirlo a diario. Poco a poco comencé a ver que, incluso aunque sintiera mucha tristeza por el duelo, esas palabras me impulsaban a ver por mí y centrarme en mi carrera. Cuando sentía mucho dolor, me permitía liberarlo, pero abrazándome porque me necesitaba más que nunca.

Ahora, muchos años después, recuerdo esa situación y me impresiona cómo nos podemos abandonar en cuestión de segundos. También me impresiona la forma en la que somos capaces de rescatarnos y salir fortalecidos de las situaciones de dolor a las que nos enfrentamos. Solo es cosa de voltear a ver a la persona que más importa: tú mismo.

La prioridad eres tú

¿Alguna vez has escuchado la frase "candil de la calle, oscuridad de su casa"? Es un dicho coloquial que en México hace referencia a la incongruencia del afecto o el cuidado que podemos dar y demostrar al exterior en comparación con lo que nos damos a nosotros o a quienes nos son cercanos.

Yo me explico ese comportamiento con la siguiente frase de un texto del psicoanalista Erich Fromm: "Las personas tenemos la sutil idea de vivir en una contradicción constante". Y esto es porque en ocasiones somos contradictorios con tal de lograr la aceptación y la complacencia de los otros, pensando que eso nos dará bienestar. A veces lo hacemos porque no hemos aprendido a disfrutar sin compañía, o bien porque sentimos que esa es la única manera en la que lograremos pertenecer y encajar. ¿Recuerdas la historia de cómo yo hacía todo lo que mis amigas hacían? Aquí aparece una frase recurrente: "Si los demás son felices, yo también lo seré".

¿Por qué nos cuesta tanto trabajo encontrar el equilibrio interno para sentirnos plenos? ¿Por qué nos cuesta tanto disfrutar de lo que tenemos y nos caracteriza? Puedes poner mucha energía al intentar complacer y solucionar los problemas de los otros mientras pospones los tuyos, pero ¿así cuándo solucionarás tus propias necesidades? ¿Qué tiempo te darás para ti?

Sé que a veces es muy sencillo olvidarte y permitir que los pensamientos negativos y dañinos se cuelen e instalen en tu cabeza. Por eso, cuando te suceda, no bloquees lo que sientes ni te dejes llevar por la emoción al punto de hundirte en el papel de mártir sin salida. Esto es peligroso porque cuando nos volvemos víctimas es más fácil olvidar nuestra responsabilidad y buscar culpables de nuestros problemas. Lo mejor es analizar de dónde vienen esas emociones en el presente y por qué se dan esos vacíos internos que no te dejan avanzar.

No hay emociones buenas o malas, lo importante es cómo las llevas en tu vida. Por eso pregúntate:

¿cómo me siento? ¿Qué emociones están en mí en este momento? ¿Cómo lidio con ellas a diario?

Trabajar con la inteligencia emocional es lo que te llevará a "darte cuenta", de esa forma podrás tomar decisiones firmes que te ayudarán a iniciar cambios para tu beneficio. En sesión terapéutica, lo que intento es que el paciente pueda conectar con sus emociones a través de preguntas y ejercicios que también lo lleven a decidir cómo quiere canalizarlas en su vida sin atarse a ellas. Entonces les hago preguntas como: ¿qué te hizo sentir esa acción? ¿Cómo te sentiste al tomar esa decisión? ¿De qué puedes darte cuenta al observar los cambios y relatarme como sucedió? Estos cuestionamientos abren el panorama para dirigir la sesión y descubrir con qué se tiene que trabajar o cuál es el avance del paciente.

Ahora bien, otras preguntas que también puedes hacerte para interpretar lo que sientes son: ¿quién soy? ¿Cómo me siento en mi vida actualmente? ¿Qué quiero para mí? ¿Qué estoy haciendo hoy para lograrlo? Las respuestas pueden llevarte a la aceptación.

Pero si descubres que no, evita hacerte daño con reclamos y comentarios agresivos hacia ti. Inicia haciendo las paces contigo mismo y recordándote que no eres un robot perfecto. **Tú eres tú y tienes cosas buenas y cosas malas, como todos.**

Por eso es importante que aprendas a abrazarte, a aflojar las ligas que te aprietan con juicios y lastiman tu ser. El camino hacia el amor propio es muy hermoso, pero también implica trabajo arduo. Confío en que estás dispuesto a afrontarlo.

¿Cada cuándo te das amor?

¿Has tenido días en los que te sientes solo, con el corazón vacío o adolorido, y lo único que esperas es que personas especiales en tu vida te brinden su amor?

En esos momentos quizá sientas que ya te desgastaste dando y dando sin recibir lo mismo, o bien lo único que quieres es no sentir ni sufrir más y bloquear en tu mente cualquier emoción. Pero en esos instantes yo te preguntaría: ¿realmente te desgastaste como para no darte amor a ti mismo? ¿Cada cuándo te das amor? ¿Cada cuándo te dices te amo? ¿Te has dicho algún piropo en tu vida? **Si realmente buscas amor puro, qué mejor que el que tú puedes darte.** La vida nos da luz todos los días y nos ofrece regalos que nos llenan de alegría. Sin embargo, a veces lo damos por hecho y olvidamos todo lo que está a nuestro alrededor. Y así también pasa con nosotros. A veces olvidamos lo valiosos que somos y no dedicamos tiempo para darnos todo ese amor que merecemos.

Pero ¿cómo lograrlo? ¿Cómo comenzar a deshacerte de esos pensamientos que te dañan? ¿Cómo comenzar a crear lazos de amor con los que puedas valorarte y respetarte?

Lo primero, como ya mencioné, es liberar las sensaciones. Esto lo lograrás mediante el reconocimiento. Posteriormente, pones esas sensaciones frente a ti y decides cómo quieres vivirlas y sentirlas. De esa forma, cuando vuelvan será más fácil gestionarlas sin que te abrumen: "Hoy voy a llorar dos horas, mañana le daré una hora y pasado un poco menos".

Así también fomentarás un vínculo de amor propio, pondrás límites y solo aceptarás lo que piensas que mereces de acuerdo con el respeto que guardes hacia ti. Consentirte y tener metas para tu crecimiento personal también ayudan a fortalecer esos lazos.

Ahora te invito a que te visualices como una persona tierna, maravillosa, indefensa, que ha sido lastimada con frecuencia por sí misma. Lo único que buscas es amor infinito para crecer, porque te lo mereces. Abrázate, date cuenta de que ese ser que necesita amor eres tú. ¿Qué te dirías si te vieras desde afuera? Regálate la oportunidad de expresar todo lo que te gustaría para ayudarte y disfruta ese momento de encuentro contigo mismo.

El cuidado personal y el amor propio son un estilo de vida que se fortalece con la insistencia y el autoconocimiento.

Otras formas de estar contigo

Quiero que veas lo siguiente como un abrazo. Como las palabras necesarias que necesitas escuchar para quererte y perdonarte. Es hora de hablar con tu *ser interno*. Él quiere estar de vuelta contigo, que lo sientas, que le des palabras de ánimo, de entusiasmo, de comprensión y, sobre todo, de amor.

El ser interno es tu ser consciente, la sabiduría y tu fuerza. Él te pide que aceptes tanto tu sombra como tu luz porque las dos se necesitan para ser esa persona inigualable, esa persona que si no hubiera tenido caídas no habría llegado tan lejos. Tu ser interno te ama y pide que lo ames de vuelta, porque en ese momento brillará y florecerá.

Conectarte con tu ser interno te ayudará a escucharte y sentirte, te dará una razón para fluir en tu vida. No lo ataques, no lo juzgues, solo acéptalo y entiéndelo. Y que ese entendimiento los una para que completes a la gran persona maravillosa que eres.

Procura escuchar solo lo que te deje aprendizaje y retroalimentación. Es importante que atiendas lo que sucede en tu mente cuando analizas al mundo exterior y que ahí dentro solo fluyas, porque al momento en que logras liberar tu interior de lo externo que satura tu mente, liberas lo que te genera angustia constante y no te permite avanzar en tu vida.

Una buena estrategia para escucharlo es tomar nota de lo que te dices internamente durante el día. Verás que no siempre son cosas positivas, seguro encontrarás muchos ataques, presiones, restricciones contigo mismo y rechazo. Tu ser se manifiesta en tu cuerpo con todos esos comentarios que identificaste. ¿Ves por qué es un buen momento para que te des la oportunidad de verte a la cara y tomes conciencia de cómo te estás tratando internamente?

Una vez que identifiques tu ser interno serás libre para lo que desees emprender. Entonces encontrarás la forma de fluir sin pensar. Y no está mal razonar tanto en nuestro interior. De hecho, es un ejercicio complejo que nos pone obstáculos y nos lleva a emociones de angustia, coraje y tristeza. Fluir, por el contrario, es liberar esas emociones para que al final encuentres un estado de paz y tranquilidad.

Recuerda que es tu momento, estás vivo y tienes un corazón muy fuerte que no deja de latir. Además, nunca estarás solo si la persona con la que estás a solas te gusta y esa persona eres tú. Porque encontrar la felicidad es encontrarte a ti mismo, escucharte y amarte. No esperes nada de nadie, en su lugar espera todo de ti, porque eres un alma libre dispuesta a conquistar la vida. Así que despierta, renace y vive.

La mejor herramienta para enfrentar los problemas es una sola pregunta: ¿para qué me sucedió esto? **Todo sucede por algo y cuando estás bien contigo empiezas a ver las cosas desde otro panorama, sin ataduras y con la convicción de que un problema es simplemente un objetivo mal enunciado.**

Por lo tanto, te invito a enfocarte en tus pequeños éxitos con una actitud positiva como hábito, porque ellos te motivarán a conseguir los más grandes.

Aunque déjame decirte que desde el momento en que empezaste a leer este libro comenzaste con ese maravilloso encuentro con tu ser interno. Así comenzaste a conectar con el amor propio que, estoy segura, estás dispuesto a darte.

Siete citas conmigo

En este capítulo te invito a estar contigo de una forma muy especial. Haz una lista con siete actividades para llevarte en una cita contigo. La idea es que agendes tiempo de calidad y amor a solas. Puedes guiarte con el siguiente ejemplo.

Lunes	Martes	Miércoles	Jueves
Ir al cine a ver esa película increíble.	¡Día de enviarme flores!	Correr en el parque con mis audífonos.	Ponerme el mejor *outfit* que tengo.

Viernes	Sábado	Domingo
Ir al spa a consentirme.	Desayunar en la cama viendo mi serie favorita.	Salir a un restaurante nuevo y pedir lo más delicioso del menú.

Palabras para llevar contigo

- Es importante hacer las paces contigo y recordarte constantemente que no eres un robot perfecto. Y eso está bien.

- Aplazar tus necesidades e intereses por complacer a otros te puede llevar a la angustia y a la baja autoestima. Recuerda siempre apartar tiempo para ti.

- Para fomentar el amor propio es importante conocer tus emociones, regalarte tiempo y celebrar tus capacidades y virtudes únicas.

- Darte amor y darlo a los otros hace que irradies luz. Esa es la clave de la felicidad.

- Tu perspectiva de vida se modifica al crear congruencia y armonía, lo que se proyecta en todo lo que realizas.

- Permítete conocerte y reconciliarte contigo mismo, es tu momento, estás vivo y tienes un corazón muy fuerte que no deja de latir.
- Nunca estarás solo si la persona con la que estás te gusta y esa persona eres tú.

El presente nos transforma,
el tiempo que dejamos pasar
desaparece.

OCHO

¿Cómo va tu vida
con la calidad de
tu tiempo?

Un momento para gestionar la vida

Hace unos años, cuando llegué a la Ciudad de México, comencé a trabajar en unas oficinas gubernamentales con un horario exhaustivo: entraba a las nueve de la mañana y salía a las nueve de la noche. Prácticamente vivía en la oficina y llegaba a mi casa solo a dormir. Como ya te había adelantado en capítulos anteriores, además de no estar acostumbrada a un horario tan extremo, también era un trabajo que no disfrutaba y que no se relacionaba en nada con mi profesión.

Antes había sido emprendedora y había fundado un centro de atención psicológica en mi estado natal, Campeche, por lo tanto, mis actividades eran muy variadas y gestionaba mi tiempo al 100%. ¡Imagínate el radical cambio que significó para mí! De organizar talleres, consultas, programas de coaching, cursos y hasta clases de yoga, pasé a redactar un montón de reportes en horario completo de oficina.

Sé que hay muchas personas que se adaptan muy bien a ese tipo de jornadas, pero para mí no fue tan sencillo. Esas doce horas de trabajo me parecían eternas. Sobre todo porque mis labores eran opuestas a lo que amo hacer. Pero no me desanimé. Comencé a buscar alternativas para motivarme: me levantaba más temprano para ir a nadar antes de entrar al trabajo o, por las noches, cuando llegaba a mi departamento, me preparaba una cena deliciosa para disfrutar un rato y después ir a descansar. Incluso en los tiempos muertos del trabajo escuchaba audiolibros de temas que me interesaban para mantenerme en contacto con mi pasión.

En ese entonces mi pareja era una persona muy aventurera y apasionada. En su trabajo era talentoso y encaraba sus obligaciones con entusiasmo, mientras que en sus tiempos libres siempre encontraba la forma de hacer alguna actividad distinta. A mí me daba la impresión de que disfrutaba cada minuto de su día y me contagiaba tanto su energía y su forma de vivir, que incluso ver un atardecer en la playa se convertía en una actividad que exprimíamos por completo. ¿Cómo era posible que aprovechara los dos minutos de un atardecer al máximo y las doce horas que pasaba en la oficina me parecieran una completa pérdida de tiempo?

Cuando me di cuenta de esto, renuncié a mi trabajo y me animé a emprender de nuevo, le aposté a lo que amaba hacer y a perseguir mis sueños. Al inicio se escuchaba maravilloso: tendría todo el tiempo del mundo para dedicarme a actividades que se relacionaran con mi profesión. Pero la realidad es que ser mi propia jefa fue más difícil de lo que parecía. Estaba tan acostumbrada a estar en una oficina trabajando en lo que me pedían, que ahora todo el tiempo libre me pesaba y no sabía qué hacer. Además, mi estabilidad financiera dependía por completo de mis ahorros y era una presión extra.

Poco a poco comencé a adaptarme y a gestionar mejor mi tiempo. Como mi propia jefa, me organicé de acuerdo con una lista de objetivos que quería alcanzar y las actividades que necesitaba para poder cumplirlos. Y todo comenzó con la pregunta: ¿qué puedo hacer ahora que antes no podía por falta de tiempo?

La búsqueda por cumplir esos objetivos me mantenía motivada cuando todo salía mal: cuando se caía un proyecto que parecía cerrado, cuando me decían no una y otra vez, cuando parecía que todo lo que hacía no rendía frutos. Para no caer ante la frustración, añadí mejoras a mi rutina diaria. La principal consistió en levantarme temprano para tomar notas de libros y videos relacionados con mis proyectos y no dejar de tocar puertas para impulsarlos.

Pero a pesar de lo difícil que fue, nunca volví a sentir que mi día fuera tiempo perdido. Al contrario, regresar a mi pasión me ayudó a recuperar la calidad de mis horas y a concentrarme en mis objetivos, incluso me ayudó a no procrastinar tanto en el celular. Darle importancia y calidad al tiempo es un trabajo de conciencia diaria, por eso a lo largo de este capítulo compartiré puntos importantes para que le des valor y respeto a tu tiempo y puedas convertir esos días vacíos en días altamente provechosos.

Cuando los minutos se sienten como vidas enteras

¿Te has dado cuenta de que cuando esperas una noticia importante, el tiempo se alarga tanto que te causa angustia y ansiedad? ¿O que cuando tienes demasiado trabajo y te gustaría que el tiempo pasase lento, en realidad pasa volando? ¿O que cuando te diviertes y disfrutas tanto lo que haces, pierdes la noción de las horas? ¿Y qué me dices de cuando atraviesas por una situación difícil? Parece que el tiempo no pasa lo suficientemente rápido, ¿verdad?

Por eso, antes de saber cómo aprovecharlo, es necesario que también pensemos en cómo nuestra percepción subjetiva de la vida nos orilla a experimentar el tiempo de formas totalmente distintas. Por ejemplo, el filósofo alemán Immanuel Kant afirmó: "El tiempo es la forma del sentido interno, es decir, de la intuición de nosotros mismos y de nuestro estado interior".

Para nuestros propósitos, esto nos ayuda a decir que cada persona lo valora de acuerdo con sus vivencias y el respeto interno que les da. Es decir, yo podía sentir que mi horario de oficina era eterno porque no disfrutaba lo que hacía, pero a mi jefe no le alcanzaban las horas del día entre tantas juntas, conferencias y papeleo.

El tiempo vuela en un abrir y cerrar de ojos cuando la pasas bien, cuando te gusta lo que haces, cuando estás motivado, cuando todo te parece novedoso o cuando estás ocupado. Pero es sumamente lento cuando no disfrutas tus actividades, cuando estás cansado o enfermo, cuando pasas por momentos incómodos o te sientes amenazado. **Piensa en cuando haces ejercicio y te quedas en la postura de la plancha un rato, por supuesto que te parece que los segundos son eternos.**

Las experiencias previas también influyen en la forma en la que percibimos el tiempo. Eso es lo que ocurre cuando, por ejemplo, una película se nos hace más corta al verla por segunda ocasión o cuando recorremos un camino ya conocido. Por eso Bertrand Russell, matemático ganador del Premio Nobel de Literatura en 1950, consideraba a la memoria como una parte esencial en esta dinámica: "Cuando miramos el reloj, podemos ver moverse el segundero, pero solo la memoria nos dice que las manecillas de los minutos y las horas se han movido".

Todas esas percepciones son lo que se conoce como *tiempo psicológico*. En un estudio hecho por la Universidad de Tokio, se descubrió que nuestro cerebro se ajusta a la velocidad con que percibimos el resultado de una acción. Por ejemplo, si le lanzas un *freesbee* a tu perro y te parece que el tiempo que pasó entre la acción de lanzarlo y tu perro atrapándolo sucedió en cámara lenta, no es que el tiempo cronológico se haya ralentizado, sino que tu cerebro intervino para ajustar esa percepción.

Es decir, el cerebro es nuestro cómplice al momento de interpretar nuestra percepción del tiempo. Por ello es tan importante que te des cuenta de que este se va y no regresa y que podremos aprovecharlo dependiendo de cómo lo percibamos. ¿Ves lo poderoso que es nuestro cerebro?

No saber adónde se han ido las horas es el primer síntoma de alarma de que no estamos aprovechando el tiempo con actividades que nos suman. Tanto en el trabajo como en lo personal: despertar sin motivación, dejarnos llevar por la pereza ante cualquier rutina que tengamos que cumplir, esperar que la inspiración nos caiga del cielo para poder tomar las decisiones que debemos tomar. Todos estos son indicadores de que las cosas no van por buen camino y debemos modificar nuestra perspectiva para poder aprovechar el tiempo.

Tampoco se trata de que realices actividades sin parar, sino de que lo que hagas a lo largo del día te haga sentir productivo. Así, en caso de necesitar un descanso también puedas disfrutarlo. Por eso es importante tomar una pausa para pensar: ¿qué puedo hacer hoy para disfrutar mi día? No importa qué tan tediosa sea la tarea, cambiar a voluntad la percepción que tienes de tus actividades y de lo que el día te depara le dará un giro.

Un consejo que puedo compartirte para transformar tu percepción del tiempo es el agradecimiento. Ya sabes que esta es la clave. Agradece por todo lo que está a tu alrededor y percíbelo con tus cinco sentidos. Las meditaciones matutinas pueden ayudarte a despertar en tu interior y percibir más lo que te rodea. También es recomendable que, en lugar de preocuparte por la lista enorme de cosas que debes hacer en 24 horas o de levantarte enojado porque ya se te hizo tarde, mejor enfoques tus energías en valorar el tiempo que estás viviendo en ese momento.

De igual forma, una actividad que les dejo a mis pacientes para recordar el valor de sus días es que escriban frases o palabras en *post-its* que puedan pegar en todas partes para darle vida a su día: "Soy valiente" o "Me amo y me respeto" o "Hoy soy mejor que ayer". Cualquier frase que te haga revivir lo que quieres poner en práctica en tu tiempo es útil. Inténtalo.

Combatir a los vampiros del tiempo

¿Recuerdas lo importante que es reconocer nuestras emociones para poder aceptarlas y dejarlas fluir? Para encontrar la mejor forma de aprovechar nuestro tiempo hay que seguir un camino similar y tomar conciencia de esos factores que afectan nuestra percepción, así como las actividades que no nos dejan ser tan productivos como queremos.

A los factores que existen fuera de nosotros y que pueden afectarnos se les conoce como externos. Podrían ser esas largas llamadas telefónicas que no tienen motivos ni trasfondo y que podrían estar interrumpiendo algo de verdad importante, quizá pasas demasiado tiempo revisando ofertas de cosas que nunca vas a comprar, quizá estés organizando reuniones de trabajo improductivas cuyos temas pueden resolverse por correo.

Quizá sean factores internos de los que debas ocuparte: puede que no tengas ninguna meta concreta que te gustaría cumplir o te la pasas postergando actividades. Quizá estás estancado en el papel de víctima y no te has dado cuenta. Cualquiera que sea, es importante que lo identifiques para que después puedas modificarlo. Una herramienta muy importante para hacerlo es **ponerte objetivos de vida que te ayuden a inventar caminos que puedas andar tú solo.**

Toma en cuenta las siguientes preguntas y respóndelas con mucha sinceridad para que sean útiles: ¿quién soy? ¿Cómo me gustaría verme a corto, mediano y largo plazo? ¿Qué necesito para lograrlo? ¿Qué estoy haciendo para lograrlo? Después de responderlas te invito a escribir siete metas para tu semana, intenta que sean sencillas y realistas. Esto te ayudará a motivarte y empezar a crear ese hábito de realizar actividades que le den sentido a tu tiempo y a tus días.

También es importante que identifiques los factores reales que eclipsan tus horas, que sustraen poco a poco los minutos de tu día y que te hacen perder la noción del tiempo. ¿Te suena familiar alguno de estos?

- **Tareas que matan los minutos**
  Son esas actividades insignificantes con las que evitamos hacer las importantes. Por ejemplo: cuando te propones avanzar en un proyecto durante tus ratos libres y de repente las notificaciones de tus redes sociales no te dejan avanzar, entonces no solo miras eso, sino que también comienzas a revisar lo que están haciendo las demás personas. Y así de rápido se esfuma el día. ¿Te ha pasado?

- **Personas que nos vampirizan los minutos**
  Como lo anterior, pero con la intervención de una persona que pierde el tiempo y quiere hacérnoslo perder también a nosotros. Ejemplos hay muchos, como ponerte a pelear con alguien por horas sin que lleguen a nada. Pero ¿te das cuenta cómo esa discusión sirvió para cambiar tu día con energía negativa?

- Montaña de distracciones

Si de distracciones se trata, somos expertos con toda la tecnología que tenemos a nuestro alcance. Por eso la forma en la que hacemos uso de ella es crucial. Es decir, las redes sociales nos pueden ayudar para informarnos o informar, hablar con amigos, conocer gente o expresar nuestros pensamientos, pero abusar de ellas solo nos quita tiempo.

¿Recuerdas cuando en la etapa más crítica de la pandemia de COVID-19 todos tuvimos que encerrarnos en nuestras casas? En esos días era muy común que las conversaciones girarán en torno al tiempo perdido y a las frases en tono de broma como: "Hoy ya no sé ni qué día es, todos son iguales" o "Este año no debe de contar porque no lo viví realmente". Pero la realidad fue que los días sí eran distintos. Lo eran tanto que las diferentes situaciones a las que cada uno se enfrentó, desde la pérdida de empleos hasta el exceso de convivencia con los miembros de la familia, hacían que muchas personas pasaran por momentos de angustia, ansiedad, miedo, tristeza, frustración y hasta ataques de pánico.

La realidad fue que el tiempo nunca se detuvo, pero sentíamos que sí. Por eso, **en situaciones de crisis también es importante darle sentidos y enfoques nuevos a lo que vivimos para evitar caer en una visión totalmente negativa.** Recuerda que si logras adaptarte a los nuevos tiempos tendrás mejores resultados para superar la tormenta, lo que te permitirá fluir con ella.

CALIDAD DE TIEMPO, CALIDAD DE VIDA

Una de las cosas que más me desanima cuando asisto a eventos o reuniones sociales es ver mesas llenas de familiares y amigos que, en pleno acto de convivencia, no pueden despegar la vista del celular. Porque si el objetivo es reunirse, resulta un poco decepcionante ver que la persona a la que tantas ganas tenías de ver se la pase mandando mensajes por el celular en lugar de ponerte atención. ¿Cuál era el chiste de la reunión entonces?

Durante el encierro del COVID-19 me enteré de las distintas situaciones que existían en el hogar de mis pacientes y mis amigos: "Ahora toda la familia está en casa, pero cada quien se la pasa en el celular, el iPad o la computadora". Lo mismo sucedía en los hogares de parejas: "Siempre que intento hablar con ella, en la cena o en algún tiempo que tenemos libre, no me pone atención por estar en su teléfono". Y, sin embargo, eran esas mismas personas las que posteaban en sus redes todo el tiempo: "Cuando termine la contingencia, volveremos a reunirnos". ¿Puedes ver la incongruencia y por qué me desanima tanto?

Tiempo de calidad significa compartirlo con las personas que quiero. Eso incluye a mis amigos, mi familia, mi pareja y a mí misma. Para mí, **aprovechar el tiempo significa crear momentos agradables para después atesorarlos en la memoria,** tratando de dejar huella también en quienes apreciamos. No importa si fue una comida que duró horas o una plática breve que se agotó en minutos, esa es la forma en la que puedo sentir que estoy completamente satisfecha con cómo pasé mi tiempo. **Por eso ahora te pregunto: ¿qué significa pasar tiempo de calidad para ti?**

La respuesta es importante porque te ayudará a priorizar tus actividades y a entender qué cosas puedes dejar de lado. También te dará espacio para construir desde tu interior a la persona que quieres ser. Si aún no sabes cómo responderla, enfócate en pasar tiempos de silencio, de soledad, de oración, de lectura, de conversación profunda con tus seres queridos y contigo mismo.

Quizá descubras que eso es el tiempo de calidad para ti. Pregúntate cuántas horas o minutos dedicas a preparar tus conversaciones diarias o tus encuentros importantes. Cuestiona cómo es la forma en la que escuchas y en qué situación se encuentra tu corazón.

La vida es irrepetible e irrecuperable, por más que intentes recrear momentos distintos a los que perdiste, nunca será lo mismo. Por eso querer recuperar el tiempo perdido es tan problemático, genera frustración, puede provocar malestares excesivos y hasta alejarnos de nuestros objetivos.

Una de las patologías comunes en estos casos es la baja tolerancia a la frustración. Las personas que la padecen no suelen resistir los contratiempos, las trabas o los problemas. Incluso pueden presentar estados de estrés, enfado, ansiedad, tristeza o resentimiento, lo que puede conducirlas a victimizarse y a culpar a otros de lo que les pasa.

Otro trastorno que puede presentarse cuando sentimos esa urgencia por recuperar el tiempo perdido es la depresión. Quienes la padecen sufren tristeza, pérdida de interés y placer, sentimientos de culpa, falta de autoestima, trastornos del sueño o del apetito, cansancio y falta de concentración.

Por eso soy partidaria de que los momentos se vivan con intensidad y con la atención necesaria en el presente, de esa forma no habrá arrepentimiento. No habrá vacío porque todo estará completo. La opción siempre será dotar a este presente de la calidad y plenitud suficientes para que no pase a formar parte de la montaña de tiempos perdidos. Es importante no aplazar las decisiones que tomas para realmente experimentarla a cabalidad. Y, aunque pueda sonar contradictorio, a eso sí podemos llamarle recuperar el tiempo perdido, porque es una acción que surge tras una toma de conciencia.

Es cierto que muchas veces nos atrapa la paradoja de los días lentos y los meses rápidos, pero recuerda que la calidad del tiempo está muy asociada a la calidad de vida. Por eso es importante que llenes tu tiempo de deseos, proyectos, pensamientos y personas que te nutran y que aporten a tu paso por el mundo. Las cosas, el tiempo y tú mismo se encuentran en constate cambio. Y lo mejor que puedes hacer para evitar verte obligado a recuperar el tiempo perdido es no perderlo.

CAMBIOS SENSORIALES

Ahora haremos un ejercicio de relajación para que puedas crear conciencia con tu aquí y ahora, lo que te permitirá disfrutar del tiempo en tu presente.

Lo primero que harás será tomar tres respiraciones profundas, cerrar los ojos y empezar a concentrarte poniendo toda la energía en tus pies. Distribúyela desde los dedos hasta las plantas y percibe todas las sensaciones: ¿qué sientes? ¿Qué diferencia notas en ellos con relación a lo que sentías hace unos días, semanas o meses?

Respira profundamente y ahora muda tu atención a las piernas, pon toda tu energía en ellas y repite las mismas preguntas. Identifica cada sensación y emoción que aparezca.

Reitera la misma dinámica con tus caderas, abdomen, pecho, brazos, manos, cuello, cara y termina con tu mente. Respira profundo, vuelve a enfocarte en la energía y cuestiona. De esa forma entrarás en un estado de relajación total.

Ahora identifica un lugar de la naturaleza en el que te gustaría estar en este momento y que te transmita paz. Visualízalo, respira y percibe el aroma que despide. Disfruta y observa todo lo que te rodea. Goza estar contigo.

Para terminar, toma tres respiraciones profundas y, al abrir los ojos, escribe todo lo que hayas identificado durante esta experiencia. ¿Percibiste lo que la vida te regaló en tu cuerpo y todo lo que te mostró del exterior?

Tú decides cuándo generar el tiempo para apreciarlo y vivirlo al máximo.

Palabras para llevar contigo

- El tiempo se va y no regresa, de nosotros depende de qué forma aprovecharlo.

- Muchas veces divagamos en situaciones que nos quitan energía y no la merecen.

- Si logras adaptarte a los nuevos tiempos sin poner resistencia, tendrás mejores resultados para llegar al otro lado de la tormenta y fluir.

- Identifica qué significa para ti el tiempo de calidad.

- Es importante vivir la vida al momento y no aplazar las decisiones que tomas.

- Tomar conciencia de la vida es lo que podemos llamar recuperar el tiempo perdido.

*Transformo mi mundo cuando
cambio la perspectiva de mí.*

NUEVE

¿Cómo va tu vida
descubriendo lo
que tienes?

Un momento para canalizar tus problemas

Además de un gran amigo, David es un escultor extraordinario y talentoso, una persona honesta que trabaja siempre desde el corazón y que no se detiene hasta ver materializados todos los proyectos que pasan por su cabeza. Pero para llegar adonde está tuvo que enfrentar muchas situaciones adversas que lo llevaron a cuestionarse si realmente valía la pena luchar por su enorme talento.

David siempre fue un niño muy curioso. Desde pequeño lo asaltaban miles de preguntas que siempre respondía acudiendo a libros o personas. Pero tuvo una infancia difícil. Sus padres se separaron cuando tenía seis años y, a pesar de llevar una relación más estrecha con su madre, tuvo que mudarse con su papá, un hombre cuyas opiniones siempre desmotivaban a David a hacer lo que le apasionaba, que era dibujar.

Cuando entró a la adolescencia conoció otra de sus grandes pasiones: la natación. Esta actividad fue la primera que le dio amigos, un camino y metas claras adonde llegar. La natación lo ayudó a pensar que había algo importante por lo que valía la pena esforzarse.

David se refugiaba en sus pasiones, pero su padre siempre lo hacía sentir que todo era una pérdida de tiempo. Y aunque su madre era más comprensiva y lo apoyaba en lo que se propusiera, David terminó en la facultad de Derecho en un afán inconsciente de querer hacer algo útil con su vida, algo que su papá no se cansaba de repetirle.

Claro que el plan falló. Un día, inspirado en la lectura de un libro que exponía el trabajo de uno de los maestros de la arquitectura del siglo XX, Frank Lloyd Wright, decidió dar un vuelco a su vida. Se identificó tanto con la vida de Lloyd que se inclinó a seguir el mismo camino y se matriculó en la carrera de Arquitectura. Desde ese momento el destino le sonrió. Y muy pronto tuvo la oportunidad de entrar al despacho de un arquitecto brillante, quien lo ayudó en todo.

Fue un periodo de mucho aprendizaje. Además de darle las bases técnicas de su profesión, también lo ayudó a reconocer que lo importante no era *hacer*, sino hacer *sentir*. Tal reflexión lo motivó a involucrarse en proyectos que iban más allá de lo arquitectónico y que a veces transgredían los límites del arte. Trabajó con acuarelas, se animó a participar en el diseño de murales y fue así como también descubrió la escultura.

Pero por esa temporada la relación con su papá reventó y el conflicto derivó en que lo echaran de su casa. Así que tuvo que instalarse en el departamento de su mamá, lo cual le cayó como anillo al dedo, porque ella fue el gran impulso, económico y emocional, que necesitaba para que nadie lo detuviera nunca más.

Así se enfocó en canalizar todo lo que le dolía en sus obras, dándole a sus esculturas un trasfondo poético que fue muy bien recibido por todos en el medio. En ese momento se decantó por completo a su carrera como escultor.

De esa forma, David descubrió lo importante que era transformar la perspectiva de sus problemas y de sí mismo a través de sus pasiones. Y fue así como pudo dejar huella en cada una de sus esculturas.

Caminando hacia una vida positiva

Existe un postulado que dice que la Psicología no solo es el estudio del daño y la debilidad, sino también de la virtud y la fortaleza. Hay toda una rama dedicada a analizar los aspectos más positivos del ser humano, como el bienestar, la felicidad y los rasgos con los que podemos superar los problemas.

Esta rama, conocida como Psicología Positiva, también se encarga de analizar las estrategias que podemos usar para potencializar las cualidades positivas de forma efectiva para la prevención de la depresión.

No exagero cuando digo que si decides cambiar el enfoque de tus pensamientos, también puedes cambiar por completo tu perspectiva de los problemas, ya que en ese momento tu cerebro se convierte en campo fértil para que experimentes la vida al máximo a través de tus emociones. Cuando logras concentrarte en tus fortalezas, obtienes energía y, por lo tanto, mejores resultados. Las mejores decisiones, la creatividad y el rendimiento aumentan durante ese estado mental. Como vimos en la historia de mi amigo David, quien canalizó sus problemas y batallas en obras de arte.

Sin embargo, uno de los obstáculos que se presenta con más frecuencia suele ser la trampa del victimismo y el pesimismo. Y es importante que sepas en qué consisten, porque de esa forma podrás tomar conciencia de ella y hacer algo al respecto.

Por un lado, el victimismo es el rol que una persona adopta para responsabilizar a los demás de los eventos pocos favorables que suceden en su vida. Es considerado un patrón de comportamiento que incluye una actitud pasiva y de evasión ante los problemas. Mientras que, por otro lado, una persona cautiva del pesimismo puede tener una visión depresiva y disconforme de la vida, pues prefiere creer que las situaciones siempre empeorarán sin ninguna posibilidad de convertirse en una alternativa viable.

Es normal recibir en psicoterapia a pacientes primerizos en papel de víctimas. Lo primero que describen son las circunstancias ajenas a ellos que los afectaron directamente. Lo cual no es malo, pero sí es muy frecuente. De alguna manera, tales situaciones terminan justificando sus problemas. Por ejemplo, recuerdo el caso de una señora que llegó al consultorio porque ya no aguantaba más la soledad que experimentaba por las noches durante los fines de semana. Al parecer su esposo y su hijo salían y la dejaban sola en su casa.

En lo que la señora no había reparado era en las excusas que ponía cuando su esposo la invitaba a salir con ellos. Por eso comenzó a hacerse costumbre que después de la cena, ella regresara sola directo a casa. Lo que trabajamos en su caso fueron los mecanismos que no la dejaban tomar responsabilidad en su soledad autoimpuesta. Así, eventualmente podría hacer planes por cuenta propia, aceptar la invitación de su familia o buscar a otras personas para salir y evitar quedarse sola en casa.

Lo fácil en esas situaciones es fortalecer los pensamientos que te vuelven víctima, de ahí la importancia de identificarlos y darte el tiempo que necesites para liberarlos. Porque todo es cuestión de tiempo. **No se trata de evadir lo desagradable, se trata de darte espacio para que esa situación difícil se convierta en aprendizaje.** Porque cuando te hundes en los pensamientos negativos pones en riesgo los planes que estás dispuesto a emprender.

Para empezar a identificar si estás cayendo en alguno de estos dos patrones de conducta, puedes responder con sinceridad las siguientes preguntas: ¿te haces responsable de tus actos y decisiones? ¿Eres capaz de disfrutar los momentos simples y cotidianos de tu día? ¿Te consideras flexible ante los cambios que se presentan en tu vida? ¿Tratas siempre de encontrarles el lado positivo?

Otro cuestionamiento que ayuda mucho a evitar dichos patrones es la siguiente: ¿alguna vez te has detenido a analizar lo mucho que tienes en la vida? Es importante que mientras pienses tu respuesta, te enfoques en todo lo que te hace feliz, no importa lo grande o pequeño que sea. Desde el simple hecho de abrir los ojos hoy y tener a tus seres queridos cerca de ti, hasta los momentos de alegrías y triunfos. Sé que es algo que he repetido durante todo el libro, pero lo hago porque quiero que lo adoptes como un postulado de vida.

Cuando repasas todos los obsequios que tienes, tus pensamientos se transforman de inmediato y generan un estado mental positivo que le da a tu día un giro de 90 grados.

Un ejercicio que recomiendo mucho a mis pacientes es morder una pluma o un lápiz con los dientes para que los músculos de la cara imiten una sonrisa. Aunque te cueste creerlo, el cuerpo tiene memoria, por lo tanto, aun cuando el gesto no sea real en ese momento, te dará pistas para cambiar de una actitud negativa a una positiva. Con esto no quiero decir que las emociones de enojo o tristeza desaparecerán, pero verás que con el cambio físico será menos complicado dejar fluir lo que te incomoda. Porque el cuerpo sabe que cuando sonreímos estamos pasando por momentos de felicidad.

Ten en cuenta que el estrés y la ansiedad ponen barreras para disfrutar el aquí y el ahora, pero lo importante es que, al identificar esas barreras, puedes decidir qué hacer con ellas, si quedarte en ese estado que te hunde cada vez más o impulsarte para emprender de nuevo.

Nada nunca está perdido.

RECONOCERTE PARA CAMBIAR DE PERSPECTIVA

En una ocasión un amigo me invitó a una fiesta increíble. Me la estaba pasando muy bien, mis acompañantes eran divertidos, había música en vivo y los cantantes tenían una voz privilegiada. Me sentía muy afortunada de estar ahí. Sin embargo, estaba inquieta, porque por ese entonces algunos psicólogos y yo habíamos conformado un grupo de trabajo para un proyecto de licitación con el gobierno de Campeche, la idea era trabajar en las zonas de alta violencia en el estado y faltaba poco para que nos dieran la respuesta.

Al final, esa noche no solo recibí la noticia de la negativa, sino que también me enteré de que, extrañamente, la licitación la había ganado una empresa de construcción cuando el proyecto era de psicología. Regresé a la fiesta triste y decepcionada. Durante los últimos meses habíamos puesto mucho trabajo y corazón en ese proyecto. Uno de los amigos con los que iba se dio cuenta de mi estado y me dijo: "Mira a tu alrededor. Tienes a un gran intérprete cantando frente a ti, estás rodeada de todas estas personas increíbles compartiendo contigo un momento único y todos lo estamos disfrutando al 100 %. Por eso te pido que también lo disfrutes. Disfruta el aquí y el ahora".

Debo decir que sus palabras me llegaron. A partir de ese instante me transformé y pude disfrutar cada momento de la fiesta. Me di cuenta de que el fallo de la licitación no dependía de mí, pero disfrutar ese momento único sí. Y así lo hice.

Cada momento en la vida te da sorpresas y maravillas. Si las disfrutas, podrás sacar gran provecho de ellas. El punto es enforcarte en lo positivo y no solo en lo negativo, porque es posible que te pierdas todos los regalos que están a tu alrededor. Por lo tanto, hoy quiero que estés cómodo con no tener todas las respuestas ni el control de las situaciones.

Cambiar la perspectiva con la que miras el mundo es mucho más sencillo si sabes reconocer en ti al gigante que llevas dentro. Los propósitos y motivaciones te ayudarán a tomar acción, te darán presencia y responsabilidad de tu vida. Tómalo como un recordatorio para que llenes tu propia copa sin sentir que estás siendo egoísta. Todo lo contrario, explorarte en este sentido no solo te permitirá aproximarte a lo que amas de verdad, sino también a ponerlo al servicio de los otros para mejorar el mundo desde tu trinchera. Pero ¿cómo encontrar esa grandeza escondida en tu interior?

Lo primero es tener iniciativa y estar dispuesto a reconocerte. ¿Recuerdas la historia de mi amigo David? ¿Recuerdas cómo fue descubriendo, poco a poco, sus pasiones? No temas ser directo contigo y preguntarte: "¿Cuáles son mis propósitos de vida?". Intenta pensar no solo en términos laborales, también enfócate en otros aspectos: el creativo, el amoroso, el familiar, el económico, etc. Porque el espectro es muy amplio y los talentos y sueños están presentes en todas las áreas. Tampoco tienen por qué ser definitivos.

Mi invitación siempre será la siguiente: **escúchate y tómate en serio, mira todos los días desde el corazón, porque es ahí donde la vida esconde tus talentos.** A continuación, te dejo diez preguntas que te ayudarán a reafirmar tus propósitos o a definirlos si aún no los tienes.

1. Si pudieras elegir una actividad que disfrutas realmente, ¿cuál sería?
2. ¿Cuáles son las actividades con las que pierdes la noción del tiempo?

3. Identifica tus intereses y aficiones: ¿de qué temas hablas constantemente?

4. ¿Qué actividad necesitas hacer con frecuencia para conectar contigo?

5. ¿En qué actividades destacas o recibes reconocimiento de los demás?

6. Si no identificas una, pídele a alguien que te observe y te ayude a responder.

7. ¿Qué aportas a la vida de los otros?

8. ¿Qué actividad realizarías aunque no te pagaran?

9. Si tuvieras que escribir un artículo para algún periódico o revista, ¿cuál sería tu tema?

10. Pon atención a las personas que te llenan de admiración, ¿por qué las admiras tanto?

Después de responderte estas preguntas, pide a cinco personas que te den una retroalimentación positiva sobre tus habilidades, virtudes y talentos. Verás que pronto podrás reconocer lo que te hace ser esa persona tan única e inigualable.

SERENDIPIA: LA MEJOR ARMA CONTRA EL MIEDO

¿Cuántas veces el miedo no te ha permitido emprender lo que deseas? ¿Te ha pasado que cuando ya tienes bien claros tus objetivos y sabes cómo llevarlos a cabo, te aterroriza dar el primer paso?

Primero, déjame decirte que es común. El miedo al fracaso suele ser la interpretación o anticipación que se tiene ante los posibles escenarios de las decisiones que tomas. Y la intensidad del miedo responde a qué tan importantes son tus metas para ti.

La necesidad de aprobación, el perfeccionismo, la baja tolerancia a la frustración, la poca autoestima, las altas expectativas y la autocrítica exacerbada pueden ser los factores que alimenten ese miedo. Pero si respiras dos minutos y lo tomas con calma, quizá te des cuenta de que el fracaso no es para tanto.

¿Alguna vez has pensado en que muchos de los grandes logros de la humanidad han sido producto de errores o fracasos? Piensa en Alexander Fleming, el científico británico que descubrió la penicilina. Aunque podría parecer que este hallazgo fue totalmente planeado y voluntario, la realidad es que, antes de salir de vacaciones, Fleming olvidó una placa de Petri con un cultivo bacteriano al que por casualidad le creció un hongo. Cuando volvió a casa se encontró con lo que posteriormente denominaría penicilina.

Y el resto es historia.

Por eso, una de mis palabras favoritas es serendipia, que se refiere a una descubrimiento fortuito, casual, inesperado o accidental que se presenta al buscar un resultado totalmente distinto. Es decir, saber aprovechar lo imprevisto puede ser una buena habilidad para la vida.

Quédate con esta idea: dado que el miedo no existe y es una creación tuya, puedes romper esa barrera porque está en la línea de tu imaginación.

Lo importante es atreverte, comenzar desde lo pequeño para poco a poco adquirir la confianza que necesitas. Y si al final todo sale mal, quién sabe, quizá descubras que bajo el fracaso se encuentra un resultado maravilloso y que seguro no esperabas.

A continuación te dejo algunos consejos que te permitirán combatir el miedo y canalizarlo en acciones concretas para que puedas conseguir tus objetivos.

- Siempre que tengas un plan, establece metas realistas y alcanzables.
- Si te equivocaste, quedó en el pasado. No te sientes a repasar todo lo que hiciste mal.
- Recuerda la serendipia. No conseguir el resultado que buscabas no es un fracaso, es una oportunidad para aprender.
- Saca por completo de tu sistema la frase no puedo. Está prohibida desde ahora.
- No te preocupes si no te sale bien a la primera. Lo importante es intentarlo las veces que sean necesarias.

- La dedicación y el esfuerzo siempre son buenos, pero no te exijas un resultado perfecto.

Un último consejo para hacerle frente al miedo y a los obstáculos es eliminar la palabra después de tu vocabulario. Te lo digo porque, una noche antes de dormir y después de pensar en todos los pendientes que tenía que hacer por la mañana, me encontré con una frase en internet que me causó mucha impresión:

¿Después? No hay después, porque después el té se enfría, después el interés se pierde, después el día se vuelve noche, después la gente crece, después la gente envejece, después la vida se termina. Y uno después se arrepiente por no hacerlo antes cuando tuvo oportunidad.

¿Por qué no deberías tener éxito? ¿Por qué no tener toda la felicidad que quieres? ¿Por qué no ser amado, apreciado, talentoso y rico o lo que sea que tú deseas? Es importante que empieces a ver tus objetivos y hagas algo al respecto. No esperes un golpe de suerte. No estás condenado a hacer lo que siempre has hecho ni lo que siempre has sido.

¿Cómo lo sé? Porque estás vivo y, mientras continúes aquí, todos los días son una oportunidad para aprender nuevas habilidades, talentos, patrones de comportamiento y formas de pensar, sentir y actuar. Puedes hacer y ser lo que quieras, siempre que sea humanamente posible.

La responsabilidad
hace al maestro

Combatir el victimismo y el pesimismo es un paso importante para cambiar la perspectiva que tienes de tus problemas. Para ello, una de las herramientas cruciales es la aceptación: responsabilizarnos de nuestra parte en los conflictos.

En terapia Gestalt usamos este ejercicio para que los pacientes se responsabilicen de sus actos. Consiste en escribir diez frases en donde te hagas responsable de tus acciones. Solo necesitarás una pluma y una hoja. Puedes tomar el siguiente modelo como ejemplo.

"Yo acepto que_____ y me hago responsable".

"Yo permito que _____ y me hago responsable".

Al terminar podrás ver la gran diferencia que se presenta cuando te haces responsables de cada decisión que tomas en la vida.

Palabras para llevar contigo

- Cada momento te regala sorpresas y maravillas.

- Si te permites disfrutar, podrás sacar provecho de las situaciones. Todo está en cómo transformas tu perspectiva de las experiencias.

- Si identificas tu pesimismo y victimismo podrás encontrar estrategias para emprender hacia una vida abierta al aprendizaje.

- La necesidad de aprobación, el perfeccionismo, la baja tolerancia a la frustración, la poca autoestima, las altas expectativas y la autocrítica exacerbada pueden ser los factores que alimenten tus miedos.

- Si respiras dos minutos y lo tomas con calma, quizá te des cuenta de que el fracaso no es para tanto.
- Dado que el miedo no existe y es una creación tuya, puedes romper esa barrera porque se encuentra en la línea de tu imaginación.
- Mi invitación siempre será la siguiente: escúchate y tómate en serio, mira todos los días desde el corazón, porque es ahí donde la vida esconde tus talentos.

*Mi confianza interna
determina el valor para
emprender en el éxito.*

DIEZ

¿Cómo va tu vida
con el autosabotaje?

Un momento para ver la vida con nuevos ojos

Una tarde llegó a mi consultorio un paciente nuevo, se llamaba Mariano. A simple vista era un gran partido: guapo, talentoso en su profesión, empático, carismático y elegante. Sus ojos color miel y su sonrisa combinaban bien con su entusiasmo por la vida. A sus 35 años era soltero y no tenía hijos. Sin embargo, cuando iniciamos la terapia, pude ver todos los prejuicios que tenía contra sí. Además, uno de los problemas que más le afectaba, según me dijo, era que le resultaba imposible iniciar una relación formal cuando alguien le interesaba de verdad.

Me contó acerca de su relación más importante. Había durado cinco años y él se había entregado por completo, había sido fiel, cariñoso y se había preocupado siempre. Pero su pareja lo engañó tantas veces frente a muchos de sus conocidos que se sintió burlado. Su manera de enfrentar tal situación fue andar con una y otra sin que le importaran realmente los sentimientos ni el compromiso, de tal forma que se hizo de fama. A partir de ese momento sintió que había quedado etiquetado como mujeriego delante del círculo social que frecuentaba.

Años después inició una relación. A pesar de no estar enamorado de la persona, era la relación más formal que había tenido después de su ruptura y, conforme pasó el tiempo, comenzó a plantearse casarse con ella. Pero el matrimonio nunca se consumó porque sus ideales eran totalmente distintos. Y Mariano se entregó nuevamente a las relaciones efímeras: salía con mujeres divorciadas o mayores y con personas que no eran lo que realmente buscaba, solo lo hacían sentir bien al momento y le ayudaban a llenar vacíos.

Por eso llegó a mi consultorio. Después de varios años sin pareja ahora sí estaba listo para iniciar una relación, pero esto le traía dudas, pensamientos o argumentos falsos que lo llevaban a ponerse obstáculos cada vez que quería enamorar a alguien. Es decir, siempre encontraba una manera de autosabotearse. Y aunque ya no salía con tantas personas, sus amigos no dejaban de encasillarlo como mujeriego.

Ya no sabía qué hacer. Toda la situación lo hacía sentir desvalorado, no podía ver sus grandes atributos porque se atacaba constantemente y se conformaba con tener la compañía de cualquiera que le brindara amor. Hasta que un día se cansó, ya que ninguna compañía llenaba su vacío. Y su caso era curioso porque profesionalmente sí creía en su talento, pero en el ámbito emocional algo fallaba. El proceso no fue sencillo, pero poco a poco empezó a trabajar en su amor propio: identificó los valores que tenía como persona, sus ideales y comenzó a amarse como amaba su profesión.

Trabajamos una nueva visión de él, que consistió en presentarse a sí mismo como realmente era y no con las etiquetas que lo calificaban erróneamente. Comenzó por perdonarse para después perdonar a todos los que lo rodeaban. De esa forma pudo soltar lo que lo lastimaba, integró aspectos positivos en su vida y, con el paso del tiempo, hizo frente a los autosabotajes: "Alto, Mariano, ese no eres tú", se repetía internamente y después hacía consciente sus pensamientos para llevarlos en una dirección más saludable. Enfocado en cuidar áreas como la alimentación, los deportes, la familia y su profesión, pudo sobrellevar las diferentes dificultades que se le presentaban.

Y, en el momento menos esperado, conoció a una chica con la que coincidió en ideales. Ella comenzó a sentirse atraída por lo que él proyectaba: **inconscientemente mostraba el amor propio que estaba alcanzando.** Un año más tarde supe que se casaron y que esperaban un hijo.

Me dio mucho gusto ver que Mariano pudo cortar con tantas etiquetas que durante años había reforzado con su autosabotaje y las ideas catastróficas de su futuro. Sin embargo, al verse a través de sus nuevos ojos pudo transformar su realidad y mirarse desde una perspectiva mucho más favorable.

Dale un giro a tu vida

Seguro en alguna ocasión te has propuesto comenzar a comer sano, correr por las mañanas, hacer ejercicio, prepararte para aprobar ese examen, iniciar una relación de pareja saludable o conseguir el trabajo que crees merecer, pero cuando lo obtienes o comienzas todo lo que te propones, llega el momento en que haces algo que lo arruina.

Quizá lo que sientes es una especie de angustia que se acompaña de indecisión, una sensación insoportable que hace que abandones los objetivos por lo que tanto habías luchado, regreses a la misma rutina de vida y no logres concretar tus sueños. Como en el caso de Mariano, cuyas barreras emocionales no le permitían iniciar la relación que tanto quería.

A esta serie de acciones que te impiden alcanzar los objetivos que deseas lo llamamos autosabotaje y suele manifestarse en forma de dudas, procrastinación, excusas, justificaciones, indecisión, vergüenza, culpa, etc. Puede que te preguntes si te mereces o no lo que quieres, si estás preparado o si eres capaz de lograrlo. Y después frenas, te retiras o boicoteas las oportunidades que se te presentan.

Como te decía, el autosabotaje se presenta en muchas formas y envolturas y es importante que sepas identificarlo. Más adelante veremos cómo. Pero una de las acciones más comunes es la comparación con otras personas y el sentimiento de inferioridad frente a los demás. También puede aparecer en forma de sacrificio extremo, omisión de tus necesidades internas y negación de tus deseos y sentimientos. Por ejemplo, es raro, pero a pesar de que escribir este libro es un sueño para mí, en ocasiones me he retrasado con los capítulos por quedarme esperando que vengan momentos de mayor inspiración, cuando la verdadera inspiración siempre estará en mí.

Otras formas de ponernos el pie es conformarnos con lo que llega a nuestra vida, la autocrítica constante, la falta de confianza, la baja autoestima, el miedo al fracaso y a los cambios, así como la postergación de las tareas que debemos ejecutar. Usar frases como: "No puedo" o "Soy malo para hacer tal cosa" o "No podré alcanzar lo que quiero" también son una forma de autosabotaje.

No tengas miedo de gritar: "¡Auxilio, esto no es lo que quiero en mi vida!". Porque ese grito, aunque no lo creas, te está haciendo consciente de lo que te impide avanzar. Como decía el padre del Psicoanálisis, Sigmund Freud: "Hacer consciente lo inconsciente modificará los procedimientos inconscientes". Una vez que te des cuenta de lo que te perjudica en la vida, empezarás tu proceso de transformación.

¿De dónde viene el autosabotaje?

Me impresiona cuando los pacientes llegan a mi consultorio diciéndome que ya no se quieren atacar tan fuerte y que sus autocríticas no les permiten respirar, porque llegan sintiéndose atrapados en una burbuja sin salida.

Lo que suelo hacer es comenzar a trabajar desde el origen. En muchos casos, suelen ser las experiencias estresantes y dolorosas de la infancia, sobre todo las que tienen que ver con la valía, la autoestima y el ego las que más les influyen. Nuestro inconsciente suele esconder la culpa y el miedo que sentimos cuando estamos a punto de conseguir algo. Estos sentimientos por lo general son parte de un mecanismo que aprendimos para prevenir consecuencias inesperadas. Son parte de los esquemas mentales con los que nos interpretamos a nosotros mismos, a la realidad y al mundo.

El autosabotaje suele venir de esas heridas emocionales de la infancia. Cuando los papás son muy críticos y perfeccionistas y exigen lo mismo de sus hijos, cuando se les pide más de lo que pueden dar hacer o ser, o bien cuando se les educa en valores rígidos sobre el éxito, el sacrificio, la humildad o el poder. Las causas del autosabotaje son muchas y van desde la desvalorización del niño, los insultos o el bullying, hasta las expectativas demasiado altas, la comparación constante e, incluso, la poca valoración que los padres tienen acerca de sí mismos.

Lejos de disfrutar el éxito en el presente, lo que se experimenta es una sensación pasiva de fracaso psicológico, profesional, emocional o personal, por lo que siempre es importante el tratamiento psicoterapéutico para poder reconocer la participación del paciente en el proceso. Un ejercicio maravilloso para trabajar con nuestras heridas de la infancia consiste en buscar una foto tuya de niño y expresarle de corazón todo el amor que necesita. Dedícale cinco minutos diarios y dile que estás con él para protegerlo y amarlo todos los días de tu vida. Dale la confianza que necesita y ayúdalo a perdonar a todos los que lo hayan afectado en esa etapa. Es momento de soltar y abrazarlo con el alma.

Pronto verás que algo comienza a cambiar dentro de ti, en tu presente. Sanar las heridas abiertas de la niñez es un gran paso para eliminar el autosabotaje, pues de esa forma se crean la confianza y la seguridad internas que necesitas constantemente en tu vida diaria.

No te sientas mal si te identificas con algunas de estas heridas emocionales. Todo lo contrario, que estés leyendo este libro significa que estás en busca de tu crecimiento y desarrollo personal. Así que ojo, porque si aprendiste en la infancia que no eres capaz, que ser o conseguir algo en especial está mal, que mostrar tus logros es negativo o que avanzar es traicionar a tu familia, entonces será muy fácil ser víctima de tu crítico interno.

Por lo tanto, **es momento de que comiences a identificar tus propias formas de autosabotaje para que puedas comenzar la transformación y sanar tus heridas de la niñez**. Recuerda lo que dijo Fritz Perls: "Reencontrarse con las emociones y aprender a abrazarlas es algo curativo". ¿Estás listo para comenzar a perdonar a tu niño interno?

Es momento de superar el autosabotaje

Cuando ya conocemos qué es y de dónde viene ese monstruo que no deja de ponerte el pie para alcanzar tus sueños, ahora podemos combatirlo. Tienes certeza, ganas y astucia para hacerlo. Y me gustaría dejarte una lista con las formas más comunes de autosabotaje, para que evalúes las evasiones que puedas estar ejerciendo y así logres modificarlas.

Procrastinación

Yo también me incluyo en esta. Es la más común. Consiste en postergar las tareas y no hacerlas en el momento que te habías propuesto. Sucede como con las dietas, cuando todos dicen: "Comienzo mañana o mejor hasta el lunes", y ese mañana no llega nunca. Cuando te comprometes a realizar actividades o viajes y siempre lo terminas posponiendo por múltiples excusas, caes en la procrastinación.

No acabar lo que te propones

Puedes empezar proyectos con gran emoción, pero al momento de estar a punto de terminarlos, los dejas con cualquier excusa que se cruza en tu camino. Lo que te quita la posibilidad de alcanzar éxitos y descubrir lo brillante que eres. Esto puede suceder en el estudio, el trabajo o las labores dentro de tu casa.

Excusas

Las excusas son disfraces del miedo, porque sabes que cuando algo es importante para ti encuentras el tiempo y la forma de conseguirlo. Como podemos ver en algunas relaciones, las excusas aparecen cuando alguno de los dos no quiere formalizar por miedo a comprometerse. De igual forma me ha tocado ver de cerca personas que, por miedo a arriesgarse y pensar que pueden fracasar, prefieren un trabajo seguro. Por eso a veces recuerdo una frase que me decía mi padre: "Para alcanzar el éxito tendrás que pasar por el fracaso una y otra vez hasta adaptarte a él".

Perfeccionismo

Aparece cuando por querer ser perfecto nunca logras acabar las tareas y siempre te estresas. La excusa puede ser: "Como no sé hacer esto a la perfección, mejor no lo hago" o "Hasta que esto no sea perfecto no lo voy a enviar". Ambas son formas de decir que evitas correr el riesgo de fracasar o de no estar a la altura. Pero recuerda: la clave es tomar el riesgo y enfrentarte a la situación pase lo que pase.

Quizás pudiste identificarte con algunos de estos cuatro tipos de autosabotaje. Quizá recordaste a personas cercanas a ti que constantemente caen en ello. Por eso es hora de compartir algunas preguntas que te ayudarán a tomar conciencia y empezar a enfrentar los autosabotajes de tu vida.

- ¿Te gustaría tener éxito en todo lo que te propongas?
- ¿Te gustaría dejar de sentirte estancado y avanzar en tu vida?

- ¿Cuánto tiempo más vas a seguir retrasando tu felicidad?

Al responderte estas preguntas, continúa con la exploración de tus emociones: ¿dónde está el origen de tu autosabotaje? Esto te motivará a descubrir si realmente quieres salir de él o quedarte ahí para siempre.

Lo que siempre les digo a mis pacientes en psicoterapia es que **practicar es como tomar vitaminas: si no las tomas, no te harán efecto.** Por eso, te dejo los siguientes puntos importantes para que los tomes en cuenta y te atrevas a salir de los autosabotajes que no te permiten ser feliz ni alcanzar tus objetivos.

1. **¿Tus pensamientos tienen retroalimentación o crítica destructiva?**

   Es importante identificar los pensamientos internos que te dañan constantemente para poder detenerlos.

2. **Escucha tu voz interior**

   Identifica cómo te hablas a diario e intenta ser congruente con lo que quieres en tu vida. Como ya habíamos dicho, es importante que seas tu mejor amigo.

3. **Establece tus deseos como metas que estás empezando a alcanzar**

   Todos podemos tener sueños, pero lo más importante es empezar a dar el primer paso para enfocarnos en nuestros ideales. Hay que llevarlos del sueño a la realidad.

4. **No te quedes con la idea, ponla en acción**

   Siempre habrá miedos, culpas, excusas o críticas que no te dejarán llegar a tu cometido. Tú decides si estás dispuesto a poner ese sueño en acción para hacerlo realidad.

5. **Aliméntate de las experiencias de los que pasaron por situaciones que quieres vivir**

   Los consejos, tips y aprendizajes de otras personas abren diferentes panoramas para crecer en tus decisiones.

CAMBIO DE PARADIGMAS

Para este ejercicio necesito que consigas una hoja y una pluma. Responde las preguntas para que te motives a eliminar el autosabotaje, hagas conciencia y encuentres las mejores estrategias para eliminarlo.

1. ¿Qué harías si solo te quedaran cinco años de vida?
2. ¿Qué harías si supieras que no puedes fracasar?
3. ¿Qué harías si no tuvieras limitaciones?

Al responder estas preguntas no solo comenzarás a cortar con los autosabotajes, sino que también descubrirás tu propósito de vida.

Así que es momento de invertir tu energía y tiempo para comenzar con el proceso y lograrlo. Tú puedes con esto y mucho más.

Palabras para
llevar contigo

- El autosabotaje comprende todas las acciones que hacemos para impedirnos alcanzar los objetivos que deseamos.

- Las formas más comunes de autosabotaje son la comparación con otras personas y el sentimiento de inferioridad, la evasión de tus necesidades internas, el ataque constante hacia ti, el miedo al éxito y al fracaso, la negación de tus deseos y sentimientos.

- Si aprendemos que no somos capaces, que conseguir algo en especial está mal, que mostrar nuestros logros es negativo, entonces será muy fácil ser víctimas de nuestro propio crítico interno.

- Sanar las heridas emocionales de la niñez es crucial para comenzar nuestra transformación.
- No tengas miedo de gritar: "¡Auxilio, esto no es lo que quiero en mi vida!".

*Vivir mi presente es
realmente vivir a conciencia.*

ONCE

¿Cómo va tu vida
viviendo tu aquí
y ahora?

Un momento para perder el presente

El papá de mi amigo Rubén fue un gran boxeador mexicano. Comenzó su carrera a los 20 años y, desde ese momento, no dejó de acumular triunfos. Además de ser un gran deportista, también era muy carismático, por lo que pronto encontró a una mujer de la que se enamoró profundamente, la mamá de Rubén, y formó una linda familia.

Después de haber tenido a su último hijo, el señor continuó activo muchos años. La de mi amigo Rubén era una familia común, con buenos y malos momentos, pero que disfrutaba de una buena calidad de vida por la fructífera carrera de su padre. Sin embargo, un día llegó a su fin sin que nadie lo imaginara.

Un *knockout* inesperado a los dos minutos de comenzar una pelea lo mandó a la lona con una severa contusión en la cabeza. Esta lo mantuvo en terapia intensiva durante un mes entero. Cuando recobró la conciencia, lo primero que escuchó de la boca del pequeño Rubén fueron unas palabras que se quedarían dando vueltas en su cabeza durante todos los meses que estuvo en recuperación: "Prefiero tener un padre con vida que perderlo en una pelea". Porque a pesar del golpe, el papá de Rubén podía regresar al ring, sin embargo, las palabras de su hijo hicieron tanto eco en él que decidió retirarse.

A los pocos meses de haber salido del hospital decidió asociarse con unos amigos e invertir todo su dinero en un restaurante que, los primeros años, funcionó a la perfección. Su fama de boxeador y los chefs de primera atraían a la mejor clientela de ese entonces y durante varios años su familia pudo sostenerse con las ganancias del negocio. A pesar de que el exboxeador no dominaba al 100 % el área comercial, siempre confiaba en que seguiría creciendo.

Cuando el negocio pasaba por etapas malas, él sobrellevaba la pena con grandes fiestas patrocinadas por el restaurante. Invitaba a sus amigos del boxeo, les daba de comer y beber gratis porque pensaba que esa estrategia le ayudaría a atraer más comensales, pero al final lo único que le traía era pérdidas. La mala administración lo llevó a un desastre financiero y a quedar mal parado frente a sus socios, quienes se replantearon seguir en el negocio. Para calmar los ánimos, el exboxeador decidió hipotecar su casa, pero más que representar un alivio, fue un fracaso.

Esto conllevó a que los socios decidieran retirarse de forma definitiva y, por lo tanto, que el restaurante se fuera a la quiebra. Con el cierre de su única fuente de ingresos, el papá de Rubén se sumergió en un fuerte cuadro depresivo del que solo pudo salir con el apoyo de su esposa. Con los ahorros familiares, lograron abrir un segundo negocio que solo duró algunos meses y el exboxeador entró en una crisis nerviosa a causa de la frustración. A pesar de que se repetía todos los días: "Soy un boxeador exitoso y con un gran negocio", ningún pensamiento positivo funcionaba porque seguía enfocado en su pasado y no en su presente.

Su presente era ser un padre de familia proveedor, que tenía que sacar adelante a los suyos y, al mismo tiempo, pagar todas las deudas que los negocios le habían generado. Pero él no lo veía. Todos los días se hundía más y más porque no aceptaba la realidad que estaba viviendo y no podía empezar de cero. En sus momentos más graves incluso llegó a presentar paranoias, agitación, comportamientos inadecuados y hasta alucinaciones. De tal forma que la madre de Rubén tuvo que hacerse cargo de sacar adelante a su familia.

Todo ese conjunto de síntomas empeoró con el tiempo y pronto el exboxeador comenzó a tener dificultades para razonar, resolver problemas y comunicarse, a lo cual se le sumó la pérdida de la memoria y algunas conductas agresivas. El diagnóstico fue un golpe muy fuerte para la familia: demencia precoz.

El final del papá de Rubén es duro. Un año después del diagnóstico, su familia lo internó en una casa de retiro donde doctores y personal especializado pudieron encargarse de su caso y suministrarle el mejor tratamiento. Sin embargo, Rubén siempre me comparte la gran lección que le dejó la historia de su padre: aferrarse a un pasado que creemos maravilloso no nos dejará descubrir un aquí y ahora lleno de regalos. En el caso de mi amigo, su papá se perdió del regalo más grande: su gran familia.

Aprendiendo a vivir
mi presente

¿Cuántas veces has deseado regresar al pasado en el que viviste cosas maravillosas? Seguro muchas. Sin embargo, la realidad es que esos momentos solo existen como recuerdos en nuestra mente, porque son irrecuperables. De tal forma que la única realidad verdadera que tenemos y que existe es nuestro aquí y ahora. Es decir, el presente. Y aunque es difícil, hay que recordar las palabras de Fritz Perls: "No hay forma de evitar la situación en la que hay que esforzarse para aceptar el presente".

La historia del exboxeador es un gran de ejemplo de que no es fácil soltar el pasado, pero también de que entre más nos aferramos a él, más trabajo nos costará vivir nuestro presente. Y es curioso porque cuando escuchamos la frase "vivir nuestro presente" es usual que se asocie con la idea de vivir locuras irreflexivas e irresponsables o que todo nos dé igual. Sin embargo, a lo que me refiero es a la capacidad de mantener la mente y la atención en el momento. De vivir lo actual para no distraernos o perder el tiempo en el pensamiento de lo que fue o lo que será.

Incluso cuando recordamos las cosas que nos hicieron felices y pensamos que volvemos al pasado, lo que hacemos es imaginarlo en nuestro presente. Lo mismo cuando pensamos acerca del futuro. Porque, en realidad, **vivir el presente lo es todo, no hay nada fuera de él.**

Un ejemplo interesante es el caso de Filipinas y de Hong Kong. Según un estudio realizado por el Centro de Investigación y Epidemiología de Desastres, a pesar de los altos índices de pobreza y catástrofes naturales, los habitantes de Filipinas en general son más felices que las personas que habitan en Hong Kong. Esto se debe a que los primeros suelen vivir al día con una extensa red de apoyo social y familiar que les permite no preocuparse en demasía por el próximo huracán que sacudirá sus casas. Mientras que, por otro lado, a la población de Hong Kong se le dificulta disfrutar del momento presente porque vive muy inmersa en la presión laboral, la incomunicación y la importancia que le da al futuro. Lo cual también puede decirnos que, por mucho que uno tenga o acumule, no vive más feliz.

Para aprender a vivir tu presente, ten en cuenta los siguientes puntos.

Elimina etiquetas y permítete disfrutar

¿Has visto la forma en la que un niño disfruta la vida? Jugar, observar e imaginar las cosas más insignificantes se convierten para ellos en una gran aventura. Y eso nos da grandes lecciones, porque la capacidad de disfrutar una situación reside únicamente en uno mismo. No importa qué tan sencillo o austero sea lo que estás viviendo, no importa qué tan juzgado o no estás siendo, solo vive.

Enfócate en lo que realmente te da vida

Nuestro día a día está lleno de distracciones. Si a las redes sociales, la televisión y los demás medios de comunicación le sumamos nuestros problemas diarios, preocupaciones y tristezas, es casi imposible poner atención a lo bueno que sucede en nuestro presente. Por eso, es crucial que comiences a darle toda tu atención a las cosas que haces durante el día.

Por ejemplo, en lugar de comer viendo el celular, intenta darte tiempo para disfrutar por completo de tus alimentos. Si comes de forma consciente, descubrirás otra forma de apreciar lo que ingieres. Lo mismo pasará en otros aspectos de tu vida y tu presente si haces tus actividades completamente enfocado en ellas.

Observa para orientarte en tu aquí y ahora

Mirar tu entorno es el primer paso para hacer conciencia de dónde estás parado. Un ejercicio excelente para orientarte en tu aquí y ahora consiste en darte unos minutos para respirar y ver a tu alrededor en el minuto en que te sientas ansioso, angustiado, triste o enojado por pensar en un pasado o futuro que no está sucediendo. Percibe los olores, identifica los colores del lugar donde te encuentras y las sensaciones de temperatura en tu cuerpo. Verás que al dar una profunda respiración te estarás observando a ti mismo en tu aquí y ahora.

Fluye y suelta

No podemos avanzar si no nos permitimos fluir como el agua o como la sangre en nuestro cuerpo. Todo ello necesita fluir para dar vida, al igual que tú. Por eso el padre de mi amigo Rubén se sentía frustrado, porque no se permitía soltar y quedó atado en un pasado incierto que lo terminó envolviendo en una enfermedad.

Por lo tanto, te invito a fluir y soltar, puedes empezar con un ejercicio tan simple como deshacerte de la ropa que ya no utilizas o de los objetos en tus cajones que ya son basura. Es momento de que te permitas soltar poco a poco las cosas externas hasta llegar a afrontar todo aquello que emocionalmente te afecta y que te puede generar problemas serios.

Pon atención a tu interior

Ya dijimos que las distracciones en la vida están a la orden del día, por eso es común que a veces hasta te olvides de lo más importante: tú mismo. Y como es ahí donde puedes encontrar las mayores respuestas para tomar conciencia de cómo te sientes y qué te sucede, es importante que cada tanto te dediques a hacer contacto con tu interior.

Puede ser a través de prácticas como la meditación o el yoga, pero también hay acciones muy sencillas con las que puedes consentirte y recuperar una relación sana contigo: ve al cine a disfrutar de una película que tengas muchas ganas de ver, escucha tu música favorita, juega algún deporte que disfrutes o dedica un día entero a tu cuidado y belleza. Hay muchas formas de paz interior que están al alcance de tus manos.

Deja atrás el pasado

A veces los recuerdos son una materia bastante impredecible, pueden llegar a nuestra mente en tropel y abrumarla con la intensidad del pasado. A veces son situaciones felices las que te inundan, pero también es frecuente que sean malos momentos que no puedes cambiar los que te visiten o momentos traumáticos que necesitas enfrentar para poder continuar en tu presente.

Por ello es tan importante que te permitas acudir a terapia cuando sientas que necesites esas herramientas para confrontar tu pasado y no vivir en conflicto con él.

Eres un ser completo

Primero estás tú y, si no estás bien contigo, ¿cómo estarás bien con todo lo demás? Estar solo puede dar miedo a muchas personas, pero quiero que pienses en lo gratificante que es darnos tiempo de calidad, consentirnos, conocernos y vernos crecer individualmente. Los vacíos no se llenan con personas o cosas externas, están ahí para que los llenes de ti y de lo que disfrutas o quieres atesorar.

No te creas todo lo que piensas, no eres tus pensamientos

Uno de los problemas más usuales que mencionan mis pacientes en la primera sesión es que quieren encontrar estabilidad en sus emociones. Para mí es como si me dijeran: "Quiero cambiar mis pensamientos atacantes para estabilizar mis emociones". Todos tenemos una voz interior negativa y que a veces se convierte en la conciencia de nuestra propia realidad.

Ya hablamos algo de ello en el capítulo anterior, pero en Psicología a esa voz la llamamos ego, un juez interno cuyo juicio no es un reflejo de la realidad, sino un punto de vista que resulta de las experiencias negativas en una etapa temprana de la vida, que adoptamos de forma inconsciente y que interiorizamos y confundimos como nuestro punto de vista. Este ego es el responsable de que no estemos en nuestro presente realmente, porque se pasa cuestionando y haciendo críticas a un pasado o a un futuro incierto con bajas expectativas.

Por eso es importante comenzar a separar ese crítico interior y evaluar las respuestas que entrega ante diferentes tipos de preguntas internas. ¿Qué dice cuando te miras en el espejo? ¿Qué piensa de las decisiones que tomas? ¿Y cuando te propones una nueva meta? ¿Qué dice si tienes ganas de hacer algo diferente? Si las respuestas que te da esa voz son negativas, quiere decir que estás encontrando una fuente de toxicidad que se alinea con las criticas externas de otras personas destructivas y las reafirmas con ese ego que lo repite. La buena noticia es que tienes el gran poder para detenerla y así evitar la baja autoestima o alguna enfermedad generada por no fluir de forma consciente.

La gente a diario suele sacar la basura a la calle. Abre puertas de algún lugar cuando huele mal para sacar el olor hasta que se pasa y tira aquello que le estorba porque no puede tenerlo. **Siempre necesitamos tirar lo que obstruye nuestro camino, lo que ya no nos gusta o nos hace daño.** Por eso te pregunto: ¿qué estás dispuesto a hacer con esos pensamientos que te destruyen, que te estorban, que ya no te sirven y que huelen mal? ¿Cómo estás dispuesto a responderte de ahora en adelante? ¿Cómo quieres disfrutar tus días?

Un ejercicio que puede ser divertido para ponerle freno a tu ego es darle el nombre del villano de una película y cada vez que reconozcas que se cuela en tus pensamientos decirle: "¡Alto, [di el nombre del villano]!". Después puedes hacerle frente. Si te dice, por ejemplo: "Qué mal trabajas", tú puedes responder: "Estoy practicando y aprendiendo, soy humano, no un robot perfecto". Si se enfoca en algún detalle de tu aspecto físico, siempre puedes responderle: "Amo mi cuerpo, lo acepto y hoy lo empecé a cuidar". Y así puedes comenzar a crear opiniones constructivas hacia ti, siempre enfocándote en tu presente, que es tu realidad.

Hay que dejarle claro al ego que no existe el pasado ni el futuro, solo el presente. De esa forma todos esos pensamientos que no son nuestra realidad dejarán de ser tan frecuentes. La voz del ego se enfoca en una fantasía de algo que no está sucediendo y que te puede perjudicar mucho cuando son ideas destructivas.

Para ello, es necesario que encuentres una actitud más amable y honesta hacia ti, porque es parte de tu desarrollo y crecimiento personal. Puede que esa voz quiera gritar más alto, que no quiera correr riesgos o que te lleve a miedos constantes. Sin embargo, si identificas y separas esa voz interior será más fácil gestionar tus pensamientos autodestructivos, debilitar las críticas y hacerte más fuerte.

CAMBIA EL SENTIDO DE TU DÍA

Para hablar del gran sentido que le podemos dar a nuestra vida, te quiero compartir la historia de Stephen Hawking, quien desde la universidad empezó a mostrar síntomas de esclerosis lateral amiotrófica. Conforme la enfermedad avanzaba, las consecuencias en su cuerpo se fueron agravando: quedó totalmente inmóvil y perdió la habilidad para hablar. Sin embargo, esto no le impidió casarse, educar a tres hijos y ser uno de los científicos y físicos teóricos más reconocidos de la actualidad.

Lo que más me sorprende de esta historia es que solía expresar que su éxito se debía en gran medida a su padecimiento, pues lo hizo modificar la perspectiva que tenía de la vida y enfocar su atención en sus talentos para poder enfrentar las dificultades: "Antes la vida me parecía aburrida. Ahora definitivamente soy más feliz". **La forma tan resiliente y propositiva en la que concebía la vida lo impulsó ante las batallas que enfrentaba.**

Es normal que la vida a veces sea demasiado rutinaria. Despiertas, te das un baño, desayunas, tomas el camino al trabajo, regresas a casa después de la jornada laboral, cenas y duermes. Es ahí cuando aparece la sensación de vacío. Mantenemos casi todo el día nuestra mente ocupada y por eso es normal que al momento de dormir nos asalten todo tipo de pensamientos. Quizá alguno de ellos te haga pensar que el día que acabas de vivir es solo uno más en tu vida, parecido a otros cientos de ellos. Pero te equivocas. La única respuesta adecuada es que no es solo otro día, es el único día que te dieron. El mayor regalo que la vida te está dando es hoy, porque todo lo que tienes es el aquí y ahora.

Para esos momentos tan comunes en donde se presentan las sensaciones de vacío, Viktor Frankl, fundador de la logoterapia, solía dar una respuesta bastante acertada acerca del sentido de la vida:

El ser humano no tiene la obligación de definir el sentido de la vida en términos universales. Cada uno de nosotros lo haremos a nuestra manera, partiendo de nosotros mismos, desde nuestro potencial y nuestras experiencias, descubriéndonos en nuestro día a día. Es más, el sentido de la vida no solo difiere de una persona y otra, sino que nosotros mismos tendremos un propósito vital en cada etapa de nuestra existencia.

Por lo tanto, lo importante es que cada objetivo nos confiera satisfacción y aliento para levantarnos por las mañanas y luchar por lo que deseamos. Es sumamente importante tener una inspiración que se vuelva estímulo para impulsarnos todos los días y disfrutar de la razón por la que estamos en la tierra. En el caso de Hawkings, era su padecimiento, pero no necesitas algo de esa magnitud para tomar fuerza ante la vida, piensa en lo que tú tienes.

Una vez escuché que los días más importantes de nuestra vida son nuestro nacimiento y cuando encontramos el porqué o el para qué de nuestra existencia. Como te compartí en capítulos anteriores, para empezar una transformación personal en cualquier área, lo primero es identificar tu sentido de vida para darte el empuje que necesitas ante cualquier camino que quieras comenzar a andar.

No importa la edad que tengas. Nunca es tarde para descubrir el sentido de tus días. Aunque una persona mayor pueda pensar que ya tiene toda la experiencia y aprendizajes que una vida le confiere, siempre se puede descubrir algo nuevo. Por eso es maravilloso transformar esa voz interior de la que hablábamos en nuestro mejor amigo que nos inspira, que nos cuestiona y nos anima a construir cosas positivas.

Recuérdalo siempre: nunca es tarde para descubrir el sentido de nuestros días. Porque ese descubrimiento solo nos llevará a disfrutar más la vida, manifestar emociones de alegría y entusiasmo, pero sobre todo encontrar nuestra gran inspiración interna para ser felices aquí y ahora.

Anímate a vivir.

DESCUBRIENDO LAS HERRAMIENTAS QUE POSEO EN MI PRESENTE

En este capítulo quiero compartir un ejercicio para que descubras las herramientas que tienes guardadas en ti hoy y puedas darle sentido a tu vida. De esa forma podrás saber por dónde y con qué trabajar en tu vida.

Empieza tomando una hoja blanca y dos plumas de colores. Después dibuja una cruz que ocupe toda la hoja. En el cuadrante superior izquierdo escribirás como título: *¿Qué tengo, pero no quiero?* En el cuadrante superior derecho: *¿Qué quiero, pero no tengo?* Ahora, en el cuadrante inferior izquierdo escribe: *Lo que no tengo y no quiero.* Y, por último, en la parte inferior derecha pon: *Lo que sí tengo y sí quiero.*

Puedes guiarte con este ejemplo.

¿QUÉ TENGO, PERO NO QUIERO?	¿QUÉ QUIERO, PERO NO TENGO?
LO QUE NO TENGO Y NO QUIERO	LO QUE SÍ TENGO Y SÍ QUIERO

PALABRAS PARA LLEVAR CONTIGO

- Es importante que te des cuenta de lo que tienes hoy para valorar tu presente y superar las quejas de lo que no tienes o anhelas.

- Es importante empezar a separar a ese crítico interior y evaluar las respuestas que da ante diferentes preguntas internas: ¿qué dice cuando te miras en el espejo? ¿Qué piensa de las decisiones que tomas? ¿Y cuando te propones una nueva meta? ¿Qué dice si tienes ganas de hacer algo diferente?

- Es parte de tu desarrollo y crecimiento personal encontrar una actitud más amable y honesta contigo.

- El mayor regalo que te ha dado la vida es todo lo que tienes aquí y ahora.
- Lo importante es que cada objetivo nos confiera satisfacción y aliento para levantarnos por las mañanas y luchar por aquello que deseamos.

Mi vida es hoy, sin anhelar
el ayer ni esperar el mañana.

DOCE

¿Cómo va tu vida
al decidir soltar
y fluir?

Un camino a la transformación

Adriana tenía 26 años cuando decidió que ya no podía más con su vida. Era una noche lluviosa, hacía frío y guardaba bajo su abrigo un puñado de pastillas y un corazón roto.

Su historia era difícil. Su padre era drogadicto y violento, tenía baja tolerancia a la frustración, pero de alguna forma creía que con dinero podía solucionar todos los males que causaba. Después de años de sufrir maltratos y de vivir una fuerte codependencia, su mamá por fin se había separado de él, pero había caído en un camino oscuro que la llevó a tomar el alcohol como herramienta para sobrellevar su duelo. Y aunque Adriana veía a su mamá liberada, también la veía vacía.

Observar esto y saber que su padre se había aislado después de todo lo ocurrido hicieron sentir a Adriana excluida, porque no sabía qué hacer ni qué papel jugar en esa historia. Su única fuente de fortaleza era su novio, quien la quería y apoyaba en todo momento. Y tan cansada estaba de la adicción de su madre, que terminó mudándose con él.

Un día después de la cena, Adriana descubrió varios mensajes en el celular de su novio que la destrozaron. Todo empezó porque sintió curiosidad cuando vio que había olvidado el teléfono sobre la mesa: de una notificación pasó a descubrir una serie de mensajes eliminados con mujeres de las que Adriana sospechaba. Muy pronto, también descubrió el coqueteo de su novio con una chica con la que trabajaba en un proyecto nuevo: palabras cariñosas y sensuales plagaban sus conversaciones.

En ese momento, Adriana se sintió defraudada y humillada. Las mentiras que había descubierto le pegaron profundo en el corazón, porque él era el recipiente de todo el amor que sentía en esa etapa de su vida. Su autoestima era baja y las situaciones que había vivido recientemente la hacían pensar que nada tenía sentido.

Por eso, esa noche lluviosa en que hacía frío, sentada a la intemperie y concentrada en cada pensamiento negativo que le brotaba en la cabeza, Adriana se tomó una pastilla tras otra hasta que perdió el conocimiento.

Por suerte, un automovilista que pasaba por ahí logró trasladarla al hospital, donde la atendieron de urgencia y le hicieron un lavado gástrico para salvarle la vida. Lo único que Adriana recuerda es un sueño en el que su mejor versión le decía que no dependía de lo que los demás hicieran, que era momento de soltar y entregar todo su amor a ella misma, porque lo necesitaba más que nunca.

Al abrir los ojos, lo primero que vio fue a su madre arrepentida y pidiéndole perdón. Le contó de su entrada a un grupo de alcohólicos anónimos para superar su adicción y se quedó con ella varias horas para cuidarla. Adriana no entendía lo que estaba pasando, era como si pudiera verse por primera vez y se diera cuenta de que ella misma estaba acabando con lo más valioso que tenía: su vida.

Cuando salió del hospital decidió tomar un rumbo distinto. Terminó su relación en compañía de su madre, buscó a una especialista para poder tratar el cuadro depresivo en el que se encontraba. El proceso de liberación fue difícil, durante meses tuvo que enfrentarse a varios duelos y hubo momentos en los que recayó. Pero poco a poco fue transformando la imagen que tenía de sí misma, se centró en sus talentos y en la idea de que lo más importante era ella. De esa forma pudo crear resiliencia y encontrar paz.

Siempre hay una mejor salida, aunque el túnel parezca no tener fin. Si nos atamos a las situaciones negativas sin pedir ayuda cuando es necesario, será fácil hundirnos en ellas. Por eso te invito a que en un momento de vulnerabilidad cierres los ojos y traigas a tu mente todas las herramientas que tienes para afrontar las situaciones difíciles. Anímate a reconocerlas y a cambiar la perspectiva con la que ves tus problemas.

Abriendo las ventanas
de tu vida

Entonces, ¿cuántas veces prefieres cerrar ventanas para no sentir los malos olores en lugar de deshacerte de la peste? En el capítulo anterior ya hablábamos de cómo a veces cerramos las ventanas de nuestra vida para evitar situaciones que nos hacen mucho daño y sentir que podemos seguir adelante sin resolverlas ni aceptarlas.

Es normal que nuestra primera reacción ante los conflictos emocionales sea escapar de ellos, porque escapar de los problemas es sentir que estamos a salvo en otro lugar. Pero lo que quizá no tenemos en cuenta es que alejarnos de lo que nos hace daño siempre termina por agobiarnos, porque es un asunto no resuelto que cargamos maquillado en nuestro interior. Escapar es un paliativo que puede llegar a producir sentimientos de indefensión y baja autoestima por la sensación de incapacidad que produce.

Lo primero es identificar qué hacemos para evadir nuestros conflictos. Es común que los mecanismos de evasión sean las adicciones o, si ya se está en un proceso terapéutico, no acudir a las sesiones. ¿Te ha pasado?

Lo que también hay que dejar claro es que, muchas veces, la causa de tu tristeza e ideas negativas no está en tus manos. **Lo único que puedes controlar es la perspectiva con la que ves tus problemas y que te permitirá abrir los ojos y liberar las ataduras de tus juicios.**

Una estrategia efectiva es que siempre tengas presente tus momentos de triunfo. Esas situaciones difíciles de las que hayas salido adelante. ¿Te acuerdas cómo te asombraste de las grandes fortalezas que tenías? ¿Recuerdas que triunfaste cuando imaginabas que no lo ibas a lograr? Esos momentos de crecimiento te ayudan a reafirmar todo lo que eres capaz de hacer, en lugar de inclinarte a cerrar ventanas para no sentir. Como ya lo vimos en otros capítulos, las emociones no son buenas ni malas, son solo emociones, a secas, que te ayudan a darle sentido a tus días para sentirte vivo.

Ahora, te invito a pensar un momento en todo lo que no te permite ser feliz o que te pone intranquilo. Dibuja una línea en una hoja. Hazlo sin parar, no te preocupes por dirigirla a un lugar específico, permite que todas esas preocupaciones se liberen sin control a través del lápiz o la pluma. Déjate llevar por lo menos durante dos minutos y deja que tus emociones fluyan. Ahora observa desde lejos la figura que realizaste, dale un significado y descubre la respuesta que te está dando la vida. Si no encuentras nada con qué relacionarlo puedes usar el ejercicio para fluir con tus emociones y canalizarlas. Verás que cuando tengas un significado será maravilloso encontrar en tu dibujo la respuesta a esa dificultad en tu vida.

Pensar una y otra vez en aspectos negativos de tus problemas también es una forma muy común de evadirlos. Verás que una vez que dejes de hacerlo, podrás analizarlos desde otro punto de vista y con una actitud diferente. Siempre tienes la posibilidad de permitir que el sufrimiento te invada y ataque. Pero verás también que, con la toma de conciencia y la puesta en práctica de todos los consejos que hemos visto a lo largo del libro, podrás enfrentar los problemas con mayor sabiduría.

Recuerda que el control de tu vida tiene mucho que ver con la actitud que adoptas. Hoy tienes un día para crear magia. Hoy estás vivo y de ti depende soltar lo que no te permite avanzar. ¿Estás dispuesto a abrir esas ventanas?

Aprendiendo a manejar mis emociones negativas

¿Recuerdas a Adriana? ¿Recuerdas cómo se sentía en un callejón sin salida? Sé que hay veces en las que sientes que todo está perdido, desbordado o que has tocado fondo. Y es difícil dejar de sobreanalizar todo una y otra vez. Pero quiero que seas consciente de que eso solo provoca que encuentres más errores. Las consecuencias de profundizar en aspectos negativos pueden llegar al bloqueo y a la somatización de nuestros sentires. De ahí que el estrés o la tristeza te puedan llegar a ocasionar dolencias físicas.

Por ello, es recomendable que siempre tomes un respiro e intentes distraerte para que tu energía no se centre en la angustia o la ansiedad. Caminar, hablarles a tus amigos o a algún familiar, dedicarle unos momentos a tu pasatiempo preferido o leer pueden ayudar. Ese tipo de respiros nos ayuda a regresar y valorar el problema con mayor inteligencia emocional, de una forma más consciente, con menos drama y, sobre todo, de forma propositiva y con soluciones.

Recuerda la historia de Mariana, hay situaciones que no dependen de nosotros y no podemos hundirnos porque la raíz de un problema radica en alguien más. **Si no te cuidas tú, ¿quién lo hará por ti?**

Por eso, suelta lo que no te corresponde. De esa forma es más sencillo retomar el control de tu vida y de lo que quieres lograr, así no solo reaccionas a lo que sucede a tu alrededor, sino que navegas los problemas. Cuando te concentres en lo que tú puedes controlar y no en lo que no está en tus manos, verás que el mundo pesa menos sobre tus hombros.

Otro aspecto en el que puedes centrarte es en tu lenguaje corporal. Las posturas que adoptas dicen mucho del cuerpo y pueden transmitir tu tensión, tristeza, enojo, ansiedad o angustia. Por eso, **el cuerpo también es una fuente de energía que habla y puede ayudarte en los momentos de tensión.** Piensa cómo es tu postura cuando estás lleno de fortaleza y alegría, cuando sientes que tu autoestima está por los cielos. Toma conciencia de la postura de tu cuerpo en esos momentos y úsala a tu favor.

Por ejemplo, cuando adoptas una postura de confianza, con los brazos en las caderas y las piernas bien plantadas en el suelo, las hormonas actúan a tu favor: disminuye el cortisol, que es conocido como la hormona del estrés, y aumenta la testosterona.

¿Recuerdas el ejercicio de la sonrisa y el lápiz? El lenguaje corporal no solo habla al exterior, también envía mensajes a nuestro cerebro acerca de cómo nos sentimos y qué queremos transmitir. Y él responde en consecuencia y al instante.

Por eso te invito a que tomes conciencia de tu cuerpo y de tus posturas, practiques las que más te benefician y envíes un mensaje directo a tu mente acerca de lo que esperas de ella. Empieza a desapegarte de la basura que te hace retroceder y toma el control de tu vida.

Es momento de ser libre

¿Qué es en lo primero que nos fijamos cuando conocemos a una persona libre? Normalmente la percibimos como alguien equilibrada por el éxito al que está acostumbrada, por cómo no se detiene ante los obstáculos. Porque **para las personas libres, los obstáculos son solo experiencias y aprendizajes del viaje.** Porque una persona libre es aquella que toma decisiones firmes acerca de lo que desea y no cede su libertad ni responsabilidad.

De ahí la importancia de, una vez que tengas metas claras, comenzar a actuar como si ya tuvieras la vida que deseas. De esa forma tus objetivos comienzan a materializarse en la realidad y puedes ser persistente y leal con tus metas de una forma concreta, pero también flexible.

Por eso, ahora te compartiré los siguientes consejos para que sepas cómo puedes comenzar a trabajar tu libertad.

Trabaja en el desapego

Para que los resultados de tus acciones no dominen tus emociones, tu estado interior y vida, es crucial trabajar en el desapego. Porque si somos sinceros, en realidad no somos dueños de nada ni de nadie e insistir en ello solo es un camino a la esclavitud. Ya vimos más a fondo esto en el sexto capítulo, pero es importante que siempre lo tengas presente.

Mantente enfocado en tus metas

La libertad comienza cuando tomas iniciativas y adoptas seguridad para conseguir tus metas. Si pones tu energía en actividades que no te llevan a ellas, solo estás dejándote llevar por el flujo de la vida y pierdes la libertad de dirigirte y tomar tus propias decisiones.

No le temas al afecto

La libertad también se crea cuando construyes relaciones afectivas con las personas que te importan y que aportan cosas positivas a tu vida. Recuerda que aislarte es otra forma de evadir y bloquear el panorama. Abrirte al afecto es otra forma de ganar libertad, recuérdalo siempre.

Cuida tu salud

Suelta los problemas que no dependen de ti al 100% y renuncia al estrés y a la preocupación. Recuerda que estas emociones se guardan en tu cuerpo y dañan tu salud. Lo que no significa que vayas a dejar de enojarte y exigir lo justo, lo que intento decir es que lo hagas siempre poniéndote en primer lugar y no enganchándote de situaciones ajenas que no puedes resolver desde ti.

Aléjate del perfeccionismo

En este mundo donde los estándares de belleza permean en casi todas las áreas, vivir tratando de encajar, de complacer a los demás y de quedar bien es agotador e imposible. Hasta el más guapo o la más linda poseen algo que la sociedad siente que tiene derecho de criticar.

También hay otro juicio que nos castiga duramente: el nuestro. **Cada vez que le creemos a nuestro juez interno perdemos libertad.** Por eso olvídate del perfeccionismo tanto interno como externo y suelta todos los juicios que te pesan al andar.

Tu mejor arma es el amor propio

Apostar por el amor propio es crear congruencia en tu vida, porque te permite fluir ante los problemas que podrían darte miedo. Por eso la herramienta que quiero reafirmar contigo tiene que ver con el amor que te tienes a ti.

Ya hablamos de ella antes. La confianza surge del reconocimiento a tus fortalezas, por eso el amor propio es la mejor arma para transformar cualquier problema en una experiencia de aprendizaje. Recuerda lo que dijo el escritor irlandés Oscar Wilde: "Amarse a sí mismo es el comienzo de un romance que dura toda la vida".

El amor propio también es una inversión. Dado que tú eres el activo más preciado que tienes, nadie mejor para sacarte provecho desde lo que te apasiona y en los distintos aspectos de tu vida, ya sea en tu formación profesional o en la salud física y emocional.

No te preocupes, este tipo de afecto, como todo, se puede entrenar. Solo necesitas autorreconocimiento, aceptación, comprensión, paciencia y compromiso. Por eso, debes tomar en cuenta los siguientes cuatro aspectos principales para desarrollarlo.

Primero, el autocuidado. Este tiene que ver con las cosas que consumes, tanto física como mentalmente. Después, el autoconocimiento. Este aspecto se relaciona con el conocimiento que tienes de tus propios procesos de pensamiento y cómo estos afectan tus emociones. Luego está el valor propio, que tiene que ver con la forma en que despliegas tus fortalezas, talentos y acciones ante el mundo. Es el simple y llano hecho de ser tú. Y finalmente aparece la autoestima, que dicta el nivel de comodidad y felicidad que tienes con quién eres, dónde estás y lo que tienes.

No me caben dudas de que te encuentras en el momento perfecto para tomar la decisión de aprender a vivir en el presente, de luchar por y para ti, de autocomplacerte, gustarte, motivarte y dejar de ser la piedra en tu propio camino.

Arrebátale las metas al miedo. Niega la entrada a quien no sepa valorarte. Aléjate de quien no te hace crecer. Pero, sobre todo, **ten la convicción de que hoy es el único día que tienes.** Verás que lo mejor está por venir solo porque así lo decidiste.

El mejor regalo

El último ejercicio que te compartiré como cierre del libro es un hermoso regalo para ti mismo. Consiste en imaginar que eres tu propia pareja y estás dispuesto a recordarte lo maravilloso que eres.

Por lo tanto, te invito a escribir dos listas. En la primera, anota todas las causas por las que estés enamorado de ti y pienses que vale la pena crear una vida a tu lado.

En la siguiente lista enumera lo que harás con esas cualidades para ser tu mejor versión a partir de hoy.

Este ejercicio consiste en quererte desde lo más profundo de tu corazón y con la libertad absoluta del amor propio

Disfrútalo.

PALABRAS PARA LLEVAR CONTIGO

- Hoy tienes un día para crear magia en tu vida.

- Aunque no sabes cuándo va a terminar, lo importante es que hoy estás vivo y de ti depende empezar a soltar lo que no te permite avanzar.

- Un cambio de actitud te ayudará a conseguir la fuerza que te permitirá hacerte del control de tu vida.

- Deja de perder el tiempo intentando controlar lo que no está en tus manos.

- Cuando una persona toma la firme decisión de lograr las cosas que desea y no cede su libertad ni la responsabilidad de su vida, se convierte en una persona libre.

- El amor propio es la clave para soltar y vivir en el presente.
- Estás en el momento perfecto para tomar la decisión de aprender a vivir y luchar por y para ti mismo.

EPÍLOGO

Este libro ha llegado a su fin y te quiero agradecer por darme la oportunidad de abrir tus ojos y emociones para ayudarte a emprender un nuevo camino.

Ahora, con las herramientas que has aprendido a lo largo de tu lectura, es momento de disfrutar la nueva calidad de vida que hoy te estás regalando, sin ataduras y con todo el entusiasmo que necesitas para alcanzar lo que te propones.

Estoy segura de que te llevas una grandiosa dinámica de trabajo interior que se quedará contigo y te permitirá adquirir nuevos hábitos y retos en tu vida diaria. No temas si no observas cambios inmediatos o aún te quedan ejercicios pendientes por realizar, este libro está diseñado para que vuelvas a él cada vez que lo necesites, porque nunca es tarde para retomar aquello que quedó en el tintero.

Detente, ¿cómo va tu vida? es una herramienta de consulta y una guía permanente que se puede utilizar siempre, sin importar las diferentes etapas por las que atravieses. Tenlo a la mano como un acompañante dispuesto a dar los consejos que necesites durante tu travesía hacia el crecimiento. Te dará esa fuerza interna para descubrir o redescubrir todo aquello que estás buscando.

Me encantará leer tu gran experiencia de lectura y ser parte de tu crecimiento, que es la razón que me inspiró a escribir y a compartir contigo todo esto. Siéntete libre de contactarme en cualquier momento.

Recuerda que tienes el poder de poner en acción todos los conocimientos que adquiriste. Comparte el libro con personas que buscan un desarrollo y crecimiento personal sin límites. En este momento te toca comenzar nuevas experiencias con tu mejor versión, por lo que te invito a respirar y despertar a la vida.

Inspirado en mi padre
desde el cielo.

A mi madre, por ser mi gran
motor de amor.

A mis hermanos Luis J.,
Roberto y Gabriel, que son
mi fortaleza de vida.

¡TU OPINIÓN ES IMPORTANTE!

Escríbenos un e-mail a
miopinion@vreditoras.com
con el título de este libro en el "Asunto".

Conócenos mejor en:

www.vreditoras.com
VREditorasMexico
VREditoras